Umschau

SOMMELIER-UNION DEUTSCHLAND

WEIN? YES!

Umschau

IN HA LT

VOR WORT

E

Es ist ja heute längst nicht selbstverständlich, ein Buch, ein veritables Printprodukt, zum Thema Wein auf den Markt zu bringen. Die schnellen elektronischen und vor allem digitalen Medien sind omnipräsent und überraschen uns jeden Tag mit einem neuen „Aufschlag". Wann immer wir es wollen, von wo aus wir es wollen, wir finden auf dem Handy stets kompakte Informationen. Wer heute ein Weinbuch auflegen möchte, braucht nicht nur verlegerischen Mut, sondern auch eine besondere Idee und die Überzeugung, dass Bücherlesen etwas mit Beständigkeit zu tun hat. Die Sommelier-Union Deutschland besitzt genau das. Sie hat dieses Weinbuch auf den Weg gebracht und dafür einen Titel gewählt, der ihre eigene Idee und ihren eigenen Anspruch an die Mitglieder sehr deutlich zum Ausdruck bringen soll. Ein Titel, der gleichzeitig Botschaft und Aufforderung an die Leser ist, sich mit dem facettenreichen Thema Wein auseinanderzusetzen und sich die spannende Welt des Weins zu erschließen. Wein? Yes! Klar doch.

Wein ist Faszination pur. Er ist vielfältig, lebendig und verändert sich permanent. In Abhängigkeit von vielen Faktoren entstehen aus kleinen Beeren je nach Anbaugebiet, Rebsorte, Klima und Ausbauart unterschiedlichste Weine, die unterschiedlichen Umgang erfordern. Nicht selten scheint jedoch gerade für Weineinsteiger dieser Dschungel aus Ländern, Rebsorten, großen Namen und Fachbegriffen undurchdringbar.

Weil selbst unter den Fachleuten der Sommelier-Union Deutschland noch kein Weinpapst vom Himmel gefallen ist, wird mit diesem neuen Weinbuch der Weg aus dem Dschungel gewiesen und gezeigt, dass Weinwissen eine Sache der Übung ist und niemand Scheu beim Umgang mit Wein haben muss. In diesem Sinne wünsche ich Ihnen viel Spaß beim Lesen und Probieren! Und denken Sie daran: Wein? Yes!

Bernd Glauben
(Präsident Sommelier-Union Deutschland)

EIN LEIT UNG

W

Wein übt seit jeher auf die Menschheit eine unglaubliche Faszination aus. Er besitzt unter den alkoholischen Getränken eine Art Sonderstellung. Jeder Wein im Glas kann eine eigene Geschichte erzählen. Sie handelt von der Region, in der die Trauben für den Wein gewachsen sind, von den Wetterkapriolen des Jahrgangs, vom Winzer und von seiner Arbeit im Weinberg und im Keller. Manche Geschichten sind spannend wie ein Krimi, andere sind schnell erzählt.

Man findet kein weiteres Getränk, das Kulturen, Landschaften und Künste über alle Grenzen hinweg so nachhaltig beeinflusst. Die großen Anbaugebiete der Alten Welt mit ihren Traditionsbetrieben sind Zeugen dieser sich ständig bewegenden Weinkultur. Doch auch die Neue Welt hat ihr Gesicht durch die Einflüsse des Weinbaus verändert.

Wein ist lebendig und verändert sich im Laufe seines Daseins. In seiner Jugend zeigt er sich zuweilen ungeschliffen und übermütig. Im Laufe seiner Entwicklung kommen Reife und Balance hinzu und eine Vielfalt von Aromen und Geschmacksrichtungen, mit denen kein anderes Getränk konkurrieren kann. Was letztlich entsteht, ist ein Produkt, das von unzähligen Faktoren abhängt. Die Auswahl an Weinen ist riesig, die Unterschiede sind enorm. Wein macht keinen Halt vor sozialen Schichten oder Trinkgelegenheiten. Er ist und bleibt ein Getränk für alle und für alle Fälle! Wein? Yes!

WEINBAULÄNDER UND REGIONEN

Ob Klassiker oder Newcomer: Wein ist heute zum internationalen Handelsgut geworden, und noch nie zuvor gab es ein solch riesiges Angebot an Gewächsen aus aller Herren Länder. Dominierte noch vor einigen Jahrzehnten Europa – die sogenannte „Alte Welt" mit ihren traditionsreichen Weinbaunationen Frankreich, Italien, Deutschland und Spanien – die Weinszene, so hat die „Neue Welt" längst ihren Platz im internationalen Weinkarussell gefunden. Den Winzern in Übersee ist es gelungen, mit enormen Investitionen und einem gesunden Pioniergeist innerhalb weniger Jahre enorme Fortschritte in Sachen Wein zu machen. Und es findet ein reger Austausch statt: Schnelle Transportwege bringen Weine in alle Märkte und lassen Vergleiche zu. So trifft die jahrhundertealte Tradition der klassischen Weinbauländer auf das „easy going" noch relativ junger Weinbaunationen. Uns Verbrauchern öffnet sich dadurch eine vielfältige Weinwelt mit ganz neuen Geschmackserlebnissen. Wir können Vergleiche starten zwischen Weinen aus Rebsorten, die als Global Player rund um den Globus im Einsatz sind, und werden immer wieder feststellen: Trotz der gleichen Rebsorte sind die Weine so unterschiedlich wie das Klima und die Böden, auf denen ihre Trauben wachsen.

ALT UND NEU IM ÜBERBLICK

ALTE WELT	NEUE WELT
• Viele Klassifizierungen	• Klassifizierungen spielen eine untergeordnete Rolle
• Einsatz qualitätssteigernder Produktionsverfahren reglementiert	• Modernste Kellertechnik unter Anwendung neuer Produktionsverfahren
• Viele individuelle Weingüter mit eigener Traubenproduktion, aber auch Genossenschaften und Kellereien	• Weinimperien und individuelle Güter prägen das Bild
• Vom Terroir geprägte Weine	• „Multi District Blends" – Trauben stammen aus vielen verschiedenen Weinbergen
• Große Sortenvielfalt	• Konzentration auf wenige internationale Traubensorten
• Produktion lagerfähiger Weine, aber auch von Weinen für den schnellen Konsum	• Viele Markenweine für den schnellen Konsum, aber auch hoher Anteil an Lagerweinen
• Durch Jahrgangsschwankungen hervorgerufene Unterschiede zwischen den Jahrgängen	• Weniger Jahrgangsschwankungen durch stabileres Klima

EIN BISSCHEN WAS HISTORISCHES

Weingeschichte ist keinesfalls trocken, unsere Weinkultur gibt es schließlich seit Jahrtausenden. Und genau so weit können wir in der Historie zurückgehen. Die Weinrebe zählt zu den ältesten Pflanzen der Welt, die in ihrer Wildform bereits existierte, als wir Menschen noch gar keine Rolle spielten. Davon zeugen fossile Traubenkernfunde, die über 60 Millionen Jahre alt sind. Wann die Menschen zum ersten Mal ihren Einfluss auf Reben ausübten und wo es passierte, kann bisher nur vermutet werden. Die ältesten Zeugnisse stammen aus der Zeit um 6000 v. Chr. aus Georgien, wo Reste von Krügen gefunden wurden, die mit Traubenreliefs verziert sind.

Eine erste Blütezeit erlebte der Weinbau um 4000 v. Chr. in Ägypten. Über Handelsrouten gelangte der vergorene Traubensaft zu den wichtigsten Umschlagplätzen des Mittelmeerraums.

Vor allem die Griechen, die in engem Kontakt mit den Ägyptern standen, machten den Weinbau zu einem bedeutenden Wirtschaftsfaktor. Bereits in der zweiten Hälfte des zweiten Jahrtausends v. Chr. existierten Rebflächen im gesamten antiken Griechenland und auf den Ägäischen Inseln. Von hier aus brachten Siedler Anfang des ersten Jahrtausends v. Chr. Weinreben nach Süditalien, Südfrankreich und Sizilien.

Mit dem Aufstieg Roms zur Weltmacht gelangten Weinreben auch in die kühleren Gebiete Mitteleuropas. Unter römischer Herrschaft entstanden Zentren der europäischen Weinkultur, die von der Wachau bis nach Bordeaux und in die Rioja reichten. Wein wurde Währung und Medizin, und die Römer entwickelten beachtliche Fertigkeiten im Anbau und in der Lagerung, die über Jahrhunderte hinweg Bestand haben sollten.

Im Mittelalter knüpften vor allem die Klöster an die römische Weinkultur an und bescherten dem Weinbau mit weiterentwickelten An- und Ausbaumethoden eine erneute Blütezeit. Vor allem Zisterzienser und Benediktiner experimentierten mit Böden, Lagen und Rebsorten und legten damit den Grundstein für eine „Weinwissenschaft", deren Erkenntnisse im Kern bis heute Gültigkeit haben.

Die Klöster dehnten ihre Besitzungen und Weinberge über ganz Europa aus. Von hier aus gelangten die Weinreben im 15. und 16. Jahrhundert erstmals auch auf den amerikanischen Kontinent. Mitte des 16. Jahrhunderts wurden im heutigen Chile die ersten Weinberge angelegt.

Das Auftreten des Echten Mehltaus und die Reblaus-Katastrophe brachten den europäischen Weinbau Mitte des 19. Jahrhundert vielerorts fast zum Erliegen. Erst um die Jahrhundertwende kam es zu einem Neuanfang.

Heute werden Reben rund um den Globus auf zwei Klimagürteln mit gemäßigtem warmem Klima angebaut. Mit riesigem Abstand größter Weinproduzent bleibt Europa, gefolgt von Amerika, Afrika, Australien und Neuseeland.

WELT

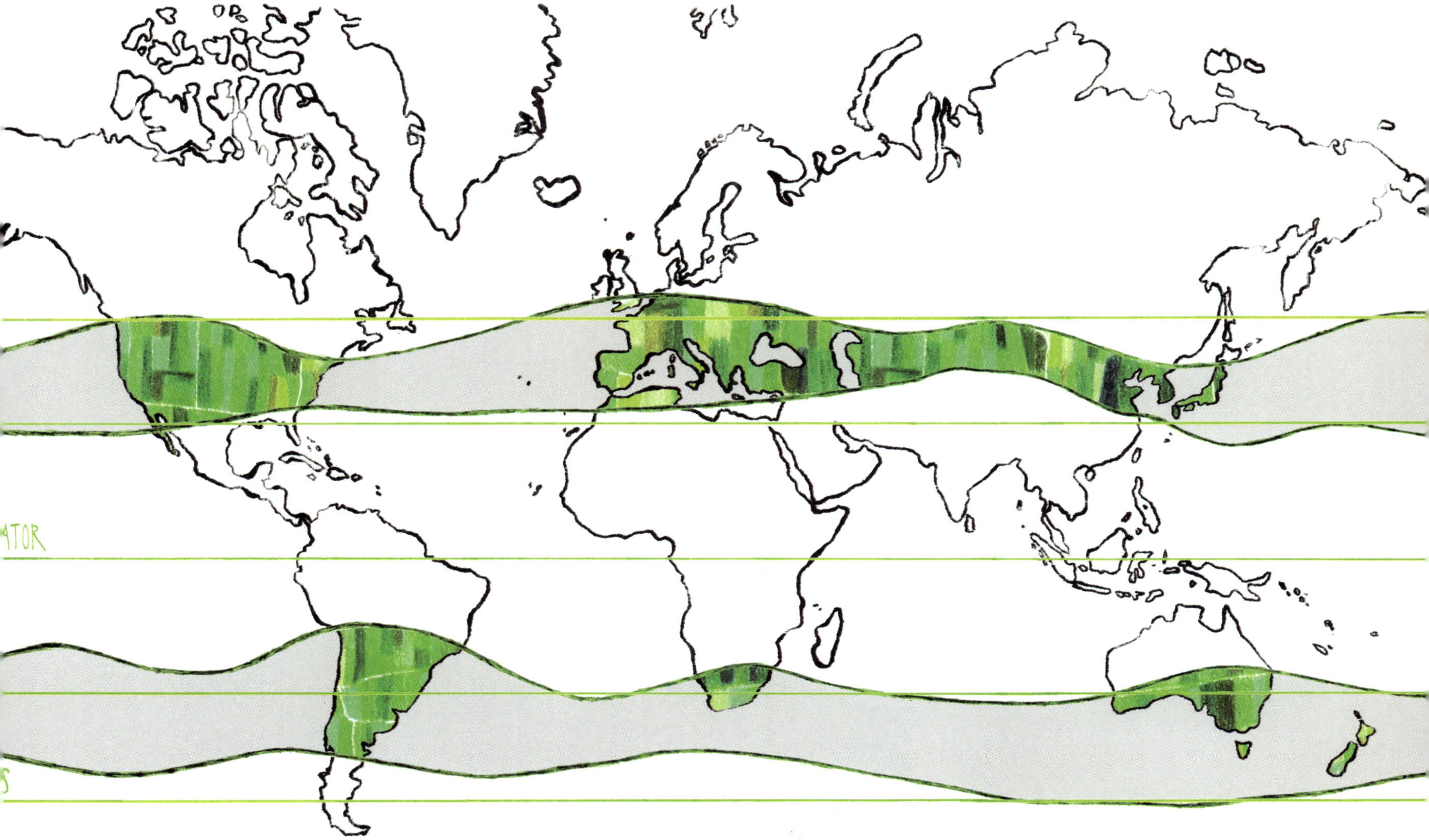
ATOR

WAS IST EIGENTLICH WEIN?

E

Eine nicht unwesentliche Frage für ein Weinbuch, die das deutsche Weinrecht folgendermaßen definiert: „Wein ist das Erzeugnis, das ausschließlich durch vollständige oder teilweise alkoholische Gärung der frischen, auch eingemaischten Trauben oder des Traubenmostes gewonnen wird."

Aha! Das Weinrecht erklärt uns also in seinem trockenen Amtsdeutsch, dass Weine nicht gemacht werden – und schon gar nicht im Keller. Sie werden aus Traubenmost gewonnen. Ausgangsmaterial dafür sind natürlich die Trauben aus dem Weinberg. Und genau hier wird das alles entscheidende Fundament eines guten Weins gelegt: Rebsorte, Boden und die individuelle Bearbeitung durch den Winzer sind dabei die wichtigsten Faktoren. Nicht zu vernachlässigen ist das Klima, eine sehr wechselhafte Konstante, die jeden Jahrgang anders ausfallen lässt und stets ein Risiko in sich birgt.

Also: Weine werden aus Trauben gemacht, das ist klar. Die Trauben, die der Winzer für seinen späteren Wein auswählt, entscheiden darüber, wie ein Wein schmeckt, welche Aromen er in sich trägt. Und jetzt kommt ein ganz entscheidender Faktor: Gute Weine können nur aus optimal reifem und gesundem Traubengut gekeltert werden. Kein Winzer ist in der Lage, aus Lesegut minderer Qualität hochwertige Produkte zu zaubern!

MAN KANN DEN BODEN IM WEIN SCHMECKEN

Jeder Boden – egal, ob Acker, Feld oder Weinberg – besitzt seinen eigenen Charakter. Er kann zum Beispiel tiefgründig sein, lehmig, gut durchlüftet oder karg. Welche Reben jeweils darauf wachsen, wurde nicht selten über Jahrhunderte hinweg erprobt, und das Wissen hierüber gilt als wichtiger Erfahrungswert eines Winzers. Ob Schiefer, Kies, Sand oder Lehm: Die Zusammensetzung des Bodens prägt den Wein so stark, dass Sie das Gestein schmecken können – das Zauberwort hierfür heißt „Terroir". So haben beispielsweise die Weißweine von der oberen Loire in Frankreich, Sancerre und Pouilly-Fumé, ein ausgeprägtes Feuersteinaroma. Tatsächlich wachsen sie auf einem Untergrund, der vor allem aus Silex (Feuerstein) besteht. Hinter dem Begriff Terroir verbirgt sich jedoch viel mehr als der bloße Untergrund, auf dem die Reben wachsen. Terroir meint das Zusammenspiel von Bodenstruktur, Bodenneigung, Klimata und Rebsorten in einem Weinberg oder einer bestimmten Lage. Die Einflussnahme des Winzers besteht im optimalen Fall darin, eine Harmonie zwischen den einzelnen Faktoren herzustellen und den Wein in seiner natürlichen Erscheinungsform anzunehmen, auszubauen und zu erhalten.

MANCHE MÖGEN'S HEISS

Im Gegensatz zum Boden, der über Jahrhunderte hinweg konstant bleibt, ist das Klima wechselhaft und stellt den Winzer daher Jahr für Jahr vor größte Herausforderungen. Trauben brauchen eine ausgewogene Menge an Sonne und Feuchtigkeit, um zur richtigen Reife zu gelangen. Und obwohl die Rebe als genügsame und anpassungsfähige Pflanze gilt, unterscheiden sich die einzelnen Sorten in ihren klimatischen Ansprüchen. Manche Trauben lieben die Hitze, andere wiederum bevorzugen gemäßigte Temperaturen. In der langen Geschichte des Weinbaus haben sich auch hierfür Erfahrungswerte herausgebildet, gleichzeitig wurden durch Neuzüchtungen oder Klone die Rebsorten einer bestimmten Umgebung angepasst. Eine Sorte wie Riesling bevorzugt kühlere Anbauregionen, andere wie etwa Zinfandel brauchen dagegen eher ein warmes Klima. Amerikanische Wissenschaftler gehen davon aus, dass ein Weinbaugebiet wenigstens 2500 Sonnenstunden im Jahr bei einer Durchschnittstemperatur von 10 Grad Celsius aufweisen muss. Für ihre deutschen Kollegen sind schon 1600 Sonnenstunden im Jahr ausreichend, damit Weinanbau möglich ist.

VON WEGEN PFLEGELEICHT

Die Rebstöcke verlangen eine ebenso stetige wie sorgfältige Behandlung und Pflege. Vom Ausbrechen der Augen am Rebstock, aus dem die Blattknospe wächst, bis zur Vollreife der Trauben im Herbst durchläuft jeder Weinstock diverse Vegetationsphasen. Nach der Lese im Herbst kehrt die Winterruhe ein. Im Februar und März beginnt die Zeit des Rebschnitts, der ganz gezielt durchgeführt werden muss. Je weniger Augen (Knospen) am Stock verbleiben, desto besser der Austrieb und desto stärker die jungen Triebe, an denen sich die Fruchtstände entwickeln. Die Blütezeit fällt in Europa je nach Region auf die Wochen zwischen Mitte Mai und Mitte Juni. Im Sommer werden Triebe, die keine Trauben tragen, und überflüssige Blätter entfernt und die tragenden Triebe aufgebunden, damit die Beeren genügend Sonne erhalten. Anfang Oktober beginnt in den meisten deutschen Anbaugebieten die Weinlese. Ihr exakter Beginn hängt vom Säure- und Zuckergehalt der Trauben ab. Spitzenbetriebe setzen auf die manuelle Ernte, um sicherzugehen, nur die reifen und gesunden Trauben zu ernten.

EU
RO
PA

DEUTSCHLAND

HAMBURG
Elbe
Weser
Berlin
Elbe
KÖLN
Unstrut
Saale
Rhein
FRANKFURT
Ahr
Main
Mosel
Rhein
Saar
STUTTGART
Donau
Neckar
MÜNCHEN
Bodensee

D

Deutschland ist weinbauliches Grenzland, denn alle deutschen Anbaugebiete befinden sich in der Nähe des 51. Breitengrads, der als nördlichste Klimagrenze für den Anbau von Weintrauben gilt. Aus diesem Grund können die wechselhaften Klimaschwankungen den deutschen Winzern Jahr für Jahr den Himmel oder die Hölle auf Erden bescheren. Die deutschen Weinanbaugebiete verfügen über eine ganze Reihe unterschiedlicher Bodenstrukturen. Sie variieren von lockeren, sandigen Untergründen über Lehm- und Lössböden bis hin zum brüchigen Schiefer oder harten Granit und sind Garant für die Rebsorten- und Geschmacksvielfalt deutscher Weine.

So unterschiedlich wie die Böden und Weinlagen der einzelnen Gebiete, so verschieden sind auch die Weinstile. Diese Vielseitigkeit lässt die Herzen der Weinliebhaber höher schlagen und hat deutsche Weine rund um den Globus so beliebt gemacht. Die bedeutendste Rebsorte ist und bleibt jedoch Riesling, die in den relativ kühlen Regionen ideale Voraussetzungen findet. Mehr als 20 Prozent der gesamten Anbaufläche sind mit dieser edlen Sorte bestockt, die in den letzten zweihundert Jahren die Qualitätsbewertung deutscher Weine im In- und Ausland maßgeblich geprägt hat.

AHR

Zwischen Koblenz und Bonn wachsen im Ahrtal auf rund 30 Kilometern vor allem elegante Spätburgunder, die in den letzten Jahren einen wahren Boom erlebt und der deutschen Rotweinwelt deutliche Impulse gegeben haben. Die meisten Stöcke wachsen in extremen Steillagen, die nur unter schwersten Bedingungen bewirtschaftet werden können. Die Reben lieben die tiefgründigen, lössreichen Böden des unteren Ahrtals und die teilweise schiefer- und vulkanhaltigen Gesteine im mittleren Talabschnitt. Das Klima meint es gut mit den Trauben: Die aufgewärmten Felsen in den Steillagen geben in der Nacht ihre gespeicherte Wärme an die Reben ab. Neben Spätburgunder gilt vor allem Frühburgunder als Spezialität der Region.

BADEN

Das Anbaugebiet reicht von Heidelberg bis zum Bodensee und zählt mit seinen rund 400 Kilometern – gemessen von Nord nach Süd – zu den größten Weinbauregionen Deutschlands. Die Badische Weinstraße ist in neun Bereiche unterteilt, die sich landschaftlich und klimatisch ziemlich unterscheiden. Daher findet man hier die unterschiedlichsten Rebsorten und Stile. Im Norden Badens wachsen Rivaner, Riesling und Schwarzriesling. In der Mitte des Anbaugebiets stehen Spätburgunder und Riesling im Vordergrund, und Deutschlands sonnigste Ecken – Kaiserstuhl und Tuniberg – haben sich den roten und weißen Burgundersorten verschrieben. Richtung Schweizer Grenze liebt man die Weißweinspezialität Gutedel, und am Bodensee gedeihen vor allem Spätburgunder und Müller-Thurgau

FRANKEN

Aushängeschild fränkischer Weinmacherkunst ist und bleibt Silvaner. Seine Trauben gedeihen optimal auf den Muschelkalk- und Keuperböden entlang des Mains. Herzstück des Anbaugebiets zwischen Aschaffenburg und Haßfurt ist das Maindreieck in und um die bekannte Barockstadt Würzburg. Obwohl Franken traditionell immer Silvanerland war, stammen heute rund die Hälfte aller Frankenweine aus der Müller-Thurgau-Rebe, die – bedingt durch Boden und Klima – rassigere und spritzigere Weine ergibt als in anderen Anbaugebieten. Als regionale Spezialität besitzt die weiße Rebsorte Bacchus große Bedeutung. Markenzeichen Frankens ist der Bocksbeutel, dessen bauchige Flaschenform üblicherweise für qualitativ hochwertige Weine verwendet wird.

HESSISCHE BERGSTRASSE

Eingebettet zwischen Neckar, Rhein und Main teilt sich das kleine Anbaugebiet auf zwei Regionen auf, die sich zwischen Darmstadt und Heppenheim und bei Groß-Umstadt befinden. Vor kalten Windeinbrüchen durch den nahen Odenwald geschützt, genießen die Weinberge auf den relativ steilen Hängen eine optimale Sonneneinstrahlung. Die anspruchsvolle Rieslingrebe findet an der Bergstraße ideale Voraussetzungen. Doch auch Rivaner, Grauburgunder, Silvaner, Kerner und Weißburgunder sind vertreten. Stark im Kommen sind die roten Sorten Spätburgunder, Dornfelder und St. Laurent, die sich dank des warmen Klimas äußerst wohlfühlen. Im Handel sind die Weine des Anbaugebiets selten vertreten, sie werden fast ausschließlich in der Region getrunken.

MITTELRHEIN

Über mehr als 100 Kilometer erstrecken sich die steilen Weinberge entlang des Rheins zwischen Bingen und Bonn. Das Herzstück des Anbaugebiets und gleichzeitig den südlichsten Teil dieser einzigartigen Kulturlandschaft bildet das „Obere Mittelrheintal", das im Jahr 2002 von der UNESCO zum Weltkulturerbe ernannt wurde. Hoch über dem Fluss liegen die malerischen Rebterrassen neben mittelalterlichen Burgen und Schlössern – Rheinromantik pur. Von den Rebhängen am Fluss und aus den kleinen Seitentälern kommen feine, elegante und ausdrucksvolle, rassige Gewächse. Der Charakter der Weine – zu 70 Prozent Riesling, der Rest verteilt sich auf Müller-Thurgau, Kerner und Spätburgunder – wird vor allem durch die unterschiedlichen Bodenarten geprägt. Es finden sich Schiefer- und Grauwackenverwitterungsböden, vereinzelt auch lösshaltiger Untergrund und im Norden Böden vulkanischen Ursprungs.

MOSEL

Obwohl sich das Anbaugebiet entlang der drei Flüsse Mosel, Saar und Ruwer erstreckt, dominiert die Mosel die Weinszene zwischen Hunsrück und Eifel. Den Römern haben wir es zu verdanken, dass hier Weine angebaut werden – und das, obwohl die Bedingungen alles andere als einfach sind: Nirgendwo auf der Welt gibt es mehr Steillagenweinberge als in Deutschlands fünftgrößtem Weinanbaugebiet. Nur ein kleiner Teil der Weinberge kann mit Maschinen befahren werden, ansonsten zählt reine Handarbeit. Experten haben errechnet, dass an der Mosel für einen Hektar Rebfläche rund 1500 Arbeitsstunden angesetzt werden müssen, in der Pfalz sind es weniger als die Hälfte. Steilster Weinberg Europas ist übrigens der „Bremmer Calmont" an der sogenannten Terrassenmosel.

Riesling bestimmt das Geschehen hier im Rheinischen Schiefergebirge, gefolgt von Rivaner. Als Riesling-Zentrum gilt die Mittelmosel mit der großen S-Schleife zwischen Kinheim und Lieser. Fein, leicht, duftig und elegant sind nur einige Attribute, die die Weine von hier kennzeichnen. Südlich von Trier beginnt die Obermosel, die für ihre leichten, knackigen und trockenen Elblinge bekannt ist. Weine von Saar und Ruwer haben in guten Jahrgängen das Zeug zu unschlagbaren Auslesen.

Neben den trockenen Weinen bieten die feinen, fruchtigen Moselweine unbeschwerteren Weingenuss, denn sie sind leicht und haben oft unter 10 Volumen-Prozent Alkohol. Weltberühmt sind jedoch nach wie vor die edelsüßen Spezialitäten, von denen die besten jedes Jahr auf Auktionen Höchstpreise erzielen.

NAHE

Vor kalten Winden durch den Soonwald geschützt, schaffen milde Temperaturen und viel Sonnenschein ein hervorragendes Klima für den Weinbau an der Nahe und ihren Nebenflüssen Glan und Alsenz südwestlich der Stadt Mainz. Die Bodenstruktur ist äußerst vielfältig: Fast alle 100 Meter ändert sich der Untergrund und variiert zwischen Schiefer, Rotsandstein, Lehm, Quarzit oder Porphyr. Kein Wunder, dass die Nahe eine solche Vielfalt an Rebsorten und Weinstilen zu bieten hat. Am wohlsten fühlen sich Rebsorten wie Riesling, Rivaner und Silvaner. Aber auch Burgunder-Spielarten sowie Kerner, Scheurebe, Portugieser und Dornfelder sind hier zu Hause.

PFALZ

Das sonnige Anbaugebiet, in dem der Frühling schon beginnt, wenn es andernorts noch fröstelt, fängt südlich von Worms an und reicht bis an die französische Grenze, die das Elsass von Deutschland trennt. Deutschlands zweitgrößtes Weinanbaugebiet ist in die Bereiche Mittelhaardt/Deutsche Weinstraße und Südliche Weinstraße unterteilt, die Trennungslinie verläuft bei Neustadt. Beliebteste Rebsorte ist Riesling, in der Südpfalz setzen die Winzer aber auch auf Grau- und Weißburgunder oder Chardonnay. Auch Rotweine sind im Portfolio immer häufiger anzutreffen und haben die Pfalz mittlerweile zum größten Rotweinproduzenten Deutschlands gemacht. Vor allem Dornfelder, Portugieser und Spätburgunder gedeihen prächtig.

RHEINGAU

Auf einer Länge von rund 50 Kilometern reiht sich zwischen Hochheim und Lorchhausen ein Rheingauer Winzerort an den anderen. Die unterschiedlichen Böden und die Ausrichtung der Weinberge bieten optimale Bedingungen für den Weinbau: In den steilen Lagen zwischen Rüdesheim und Lorchhausen gelten Schiefer, Quarz, Kies und Sandstein als Garant für besonders rassige und kernige Tropfen. In den tieferen Lagen am Rhein findet man tiefgründige und kalkhaltige Lössböden, auf denen Trauben für stoffige und vollmundige Weine wachsen.

Rheingau ist Rieslingland – und das seit Jahrhunderten. Berühmt geworden sind vor allem die edelsüßen Auslesen, Beerenauslesen, Trockenbeerenauslesen und Eisweine, deren volle, fruchtige Natursüße und Aromavielfalt von einer edlen Rieslingsäure begleitet werden. Neben Riesling ist Spätburgunder seit über

500 Jahren im Rheingau heimisch. Vor allem auf den Schieferböden in Assmannshausen entwickelt er seinen leichten und eleganten Charakter.

Seit einigen Jahren gibt es Rheingauer Weine mit der Auszeichnung „Erstes Gewächs", die aus klassifizierten, sogenannten „Ersten Lagen" stammen und nach anspruchsvollen und strengen Regeln erzeugt und ausgebaut werden.

RHEINHESSEN

Das „Land der 1000 Hügel", das im Rheinbogen zwischen Bingen, Mainz, Worms und Alzey liegt, ist das größte Weinanbaugebiet Deutschlands. Schon die Römer hatten das milde Klima für den Anbau von Reben genutzt, und fast jedes Winzerdorf kann auf eine jahrhundertelange Tradition zurückblicken. Die Weinberge liegen im Schutz von Donnersberg, Taunus und Odenwald und bilden die Heimat für über 30 Rebsorten. Die rheinhessische Qualitätsspitze bildet nach wie vor die Rheinfront bei Nackenheim, Nierstein und Oppenheim. Hier wachsen auf rotem Tonschiefer einige der besten Rieslingweine Deutschlands. Ihnen ganz dicht auf den Fersen sind die Weine qualitätsbewusster Winzer aus dem hügeligen Wonnegau. Dabei spielen Riesling und Weißburgunder zwar die erste Geige, aber auch die rheinhessische Traditionsrebe Silvaner macht zum Beispiel unter dem Kürzel „RS" von sich reden. Heute sind die Hälfte aller Neuanpflanzungen rote Sorten, Tendenz weiter steigend.

SAALE-UNSTRUT

Das nördlichste Anbaugebiet Deutschlands liegt südlich der Stadt Halle im Bundesland Sachsen-Anhalt auf dem 51. Breitengrad, der weltweit als klimatische Grenze des Weinbaus gilt. Die Reben wachsen ausschließlich in den engen Flusstälern von Saale und Unstrut auf windgeschützten Lagen an Südost- und Südwesthängen. Da im Jahresdurchschnitt nur mit einer Reifeperiode von etwa 190 Tagen gerechnet werden kann, bevorzugen die Winzer an Saale und Unstrut früh reifende Traubensorten: Müller-Thurgau ist die Hauptsorte, daneben werden Weißburgunder, Silvaner, Gutedel, Riesling, Kerner, Morio-Muskat und Bacchus angebaut. Trotz der wenigen Sonnenstunden findet man an Saale und Unstrut auch Rotweine aus Portugieser-, Dornfelder- und Spätburgunder-Trauben, die eine nervige Säurestruktur entwickeln können

SACHSEN

Das Elbtal kann auf eine über 800 Jahre lange Weinbautradition zurückblicken, dennoch hat es das nordöstlichste deutsche Anbaugebiet bis heute nicht geschafft, international Fuß zu fassen. Die produzierten Mengen sind einfach zu gering, um über die Landesgrenzen hinaus exportiert zu werden. Die Rebstöcke stehen entlang der Elbe zwischen Dresden und Meißen an Uferhängen mit südlicher Hangneigung. Typisch sind die kleinen Rebterrassen, die nur in mühsamer Handarbeit zu bewirtschaften sind. Sie prägen das Bild und sind Heimat für Weiß- und Grauburgunder und vor allem Traminer. Doch auch Müller-Thurgau, Riesling und Kerner haben ihren Platz, während rote Sorten selten zu finden sind. Die Gewächse von der Elbe sind durchweg angenehm leicht und können ein erstaunliches Bukett entwickeln, obwohl sie in der Regel trocken ausgebaut werden.

WÜRTTEMBERG

Im „Ländle" nehmen Rotweine und Rosés eine wichtige Stellung ein. Vor allem Trollinger ist als süffiger Schoppen beliebt, aber auch Schwarzriesling, Lemberger und Spätburgunder werden angebaut. Man schätzt sie in erster Linie als Begleiter einer anspruchsvollen Küche. Das eigentliche Weinbauzentrum liegt zwischen Heilbronn und der Landeshauptstadt Stuttgart, im württembergischen Unterland. Hier stehen auf fruchtbaren Keuperböden und Muschelkalk neben einem Großteil Rieslingreben auch Trollinger und Schwarzriesling für die schwäbischen Alltagsweine sowie Lemberger und Spätburgunder. Weinberge findet man jedoch auch entlang des Neckars sowie in den geschützten Flusstälern seiner Nebenflüsse Rems, Enz, Kocher, Jagst und Tauber und sogar am Bodensee. Unter den weißen Rebsorten steht Riesling an oberster Stelle.

Württemberg ist das Land der Genossenschaften. Die Winzer, die hier Weingärtner genannt werden, bearbeiten häufig nur kleine Teilstücke eines Weinbergs und liefern ihr Traubengut an die nächstgelegene Genossenschaft ab, die anschließend für Ausbau und Vermarktung zuständig ist. Getrunken werden die Weine dann hauptsächlich vor Ort.

FRANKREICH

Seine
DS 100
Paris
Seine
Mosel
Loire
Loire
Rhône
BORDEAUX
Dordogne
Rhône
NIZZA
Garonne
Garonne
MARSEILLE

Wie kein zweites Weinbauland der Welt ist es Frankreich gelungen, den Wein mit seiner gesamten Kultur zu verbinden und daraus ein kulinarisches Gesamtkunstwerk zu kreieren. Französische Weine stehen seit Jahrhunderten mit an der Weltspitze, und für viele Weinliebhaber gilt Frankreich als die klassische Weinbaunation schlechthin. Vor allem Bordeaux und Burgund haben rund um den Globus Maßstäbe gesetzt und wurden zum Inbegriff von Weinqualität und langer Lebensdauer. Die Gewächse aus Bordeaux und Burgund gelten als Richtschnur für die Cabernet-Sauvignon-Cuvées und Spätburgunder in aller Welt. Dies gilt in ähnlichem Maße für Champagner. Auch wenn die Preispolitik französischer Spitzengüter immer wieder zu Kritik führt, sind Absatzprobleme bei den hochpreisigen Tropfen nach wie vor eher ein Fremdwort. Man darf allerdings nicht außer Acht lassen, dass das Spitzensegment französischer Gewächse nur fünf Prozent der Gesamtweinmenge des Landes ausmacht.

In Frankreich unterliegen alle im Land produzierten Weine strengen Bestimmungen und Kontrollen. Dabei werden die folgende Qualitätsstufen unterschieden, für die es jeweils eigene Prüfungsverfahren gibt: An oberster Stelle steht AOP Cru, gefolgt von AOP kommunal, AOP regional, IGP und Vin de France.

Die neuen EU-Kategorien AOP, IGP und Vin de France gibt es in Frankreich seit 2009. Früher hießen AOP-Weine AOC-Weine („Appellation d'Origine Contrôlée"), IGP ersetzt die einstige Kategorie Vin de Pays (Landwein), und Vin de France ist der ehemalige Tafelwein.

Das gemäßigte Klima und die unterschiedlichsten Bodenformationen und Landschaften bringen Weine aller Stilrichtungen hervor. Die roten Tropfen stehen dabei an erster Stelle, Weißweine machen weniger als die Hälfte der Weinproduktion aus.

BORDEAUX

Bordeaux ist in jeder Hinsicht ein Anbaugebiet der Superlative: Jeder sechste Einwohner der gleichnamigen Hafenstadt arbeitet direkt oder indirekt für den Wein. Kaum ein anderer Wein wird teurer gehandelt und ist bei Weinliebhabern gleichermaßen umkämpft wie die berühmten Tropfen aus diesem Gebiet. Keine andere Region auf der Welt kann mit einer vergleichbaren Anzahl an Qualitätsweinen mit Herkunftsgarantie aufwarten. Und man findet nirgendwo sonst ein Anbaugebiet, das eine solche Vielzahl an repräsentativen Weingütern aufweist. Das erste Wein-Château dieser Art, Haut-Brion, wurde im Jahr 1550 errichtet, um den edlen Gewächsen auch einen gebührenden architektonischen Rahmen zu geben. Mit der gestiegenen Nachfrage nach Qualitätsweinen ging die Gründung imposanter Bordelaiser Chateaus im großen Stil weiter. Noch bis ins 19. Jahrhundert hinein war der Bauboom nicht zu stoppen. Heute existieren unzählige Châteaus mit eigenen Weinmarken, die einfachen Handelsmarken nicht mitgezählt. Die Spitzenweine der weltberühmten Güter bilden aber nur die Speerspitze: Die meisten Weine, die rund um die Hafenstadt gekeltert werden, sind gut gemachte Trinkweine für jeden Tag und stammen von äußerst engagierten Winzern und Genossenschaften.

Neben den beiden größten Appellationen, AC Bordeaux und AC Bordeaux Supérieur, finden sich weitere 55 Appellationen in drei Weinbauzonen, die man der Einfachheit halber unterteilt hat in linkes und rechtes Ufer („rive gauche", „rive droite") der Flüsse Gironde, Dordogne und Garonne sowie Entre-Deux-Mers. Die bekannteste Bordeaux-Sorte ist Cabernet Sauvignon. Doch auch Merlot, die führende Rebsorte der „rive droite", wie in Saint-Émilion und Pomerol, ist bei den Erzeugern stark in den Fokus gerückt, weil die Traubensorte dem Bordeaux Weichheit verleiht und ihn früher trinkreif macht.

Auf die Frage, wie sich „der" rote Bordeaux definieren lässt, findet man jedoch keine eindeutige Antwort. Zu unterschiedlich sind die Böden und das Klima der einzelnen Anbauzonen. Doch eines haben alle roten Bordeaux gemeinsam: Sie bestehen stets aus einer Mischung verschiedener Rebsorten, einer Cuvée, deren Mischungsverhältnis zwar variiert, sich aber im Wesentlichen aus den Sorten Cabernet Sauvignon, Cabernet Franc, Merlot und manchmal auch Petit

Verdot und Malbec zusammensetzt. Die Weißweinsorten sind in Bordeaux unterrepräsentiert, obwohl man in Graves und Entre-Deux-Mers auch Sauvignon blanc und Sémillon im Rebsortenspiegel findet. Das Sauternes, südöstlich der Stadt Bordeaux, gilt als berühmteste französische Süßweinregion. Die edelsüßen Weine werden aus geschrumpften, meist edelfaulen Sémillon- und Sauvignon-blanc-Trauben gewonnen. Sie sind zumeist recht alkoholreich und werden teilweise im kleinen Holzfass, dem Barrique, ausgebaut.

Die legendäre Rotwein-Klassifizierung von Bordeaux wurde 1855 eingeführt und nur ein einziges Mal – 1973 – angepasst. Ihr haben wir am Ende dieses Buchs ein Kapitel gewidmet. Übrigens: Die edelsüßen Weißweine aus den Gebieten Sauternes und Barsac wurden im Jahr 1855 ebenfalls klassifiziert.

BURGUND

Das Anbaugebiet südlich der Stadt Dijon ist Heimat des Spätburgunders, der außerhalb des deutschen Sprachraums Pinot noir genannt wird. Anders als in Bordeaux wird in Burgund zur Rotweinbereitung keine andere Sorte beigemischt. Drei Viertel aller hier erzeugten Weine sind rot, und doch bringt das Anbaugebiet einige der größten Weißweine aus der Chardonnay-Traube hervor. Sie gelten vor allem den Winzern in Übersee als Maß aller Dinge bei der Erzeugung von Chardonnays. Benediktinermönche des Klosters Cluny und Zisterzienser der Abtei von Citeaux haben den burgundischen Weinbau im 13. Jahrhundert nach vorne gebracht. Die Zisterzienser erkannten den Einfluss des Terroirs auf die Qualität der Weine und teilten ihre Weinberge in verschiedene Lagen, die sogenannten „Crus“, ein. Es ist nicht ganz einfach, sich heute im Geflecht der Appellationen und Weingüter zurechtzufinden. Nur so viel: Die Spitzenklasse heißt „Grand Cru“, die nächstfolgende „Premier Cru“.

Als Herzstück der Region gilt die Côte d'Or, eine Hügelkette, die unweit von Dijon beginnt. Ihren nördlichen Teil nennt man Côte de Nuits, den südlichen Côte de Beaune. Hier reihen sich berühmte Rotwein-Lagen wie Gevrey-Chambertin, Aloxe-Corton oder der Burgunder-Weinberg Clos de Vougeot wie Perlen aneinander. Letzterer wurde vor über 600 Jahren von Zisterziensermönchen mit einer Mauer umfriedet, die heute noch existiert. Grandiose Chardonnays stammen von der Côte de Beaune, insbesondere von deren südlichem Ende. Hier befinden sich die Lagen Meursault, Puligny-Montrachet und Chassagne-Montrachet. Das Mâconnais im Süden mit den berühmten weißen Pouilly-Fuissé bildet den Übergang zwischen der Côte Chalonnaise und dem Beaujolais nordwestlich von Lyon.

Das Beaujolais wird dominiert von der roten Gamay-Traube, die einfache, leicht zugängliche Rote hervorbringt, die international vor allem als Beaujolais primeur bekannt sind und bereits im November des Lesejahres in den Verkauf gehen dürfen. Für diese Weine wird die Werbetrommel kräftig gerührt.

Nordwestlich von Dijon befindet sich rund um die Stadt Chablis die gleichnamige Region, die für ihre Chardonnays berühmt ist. Die Trauben wachsen auf Kalkböden, die den Weinen ihre ausgeprägte Mineralik und Frucht verleihen. Das kühle Klima sorgt für ausreichend Säure.

CHAMPAGNE

Im Nordosten Frankreichs dominieren die Rotweinreben Pinot noir und Pinot Meunier das Bild der Weinberge, und dennoch ist der daraus erzeugte Wein weiß: der Champagner. Er besteht aus einem Verschnitt der beiden roten Sorten mit der drittwichtigsten Sorte Chardonnay. Die Trauben der roten Grundweinsorten werden schnell abgepresst, damit möglichst wenig rote Farbstoffe in den Grundwein gelangen.

Die Champagne erstreckt sich von Château-Thierry, rund 50 Kilometer östlich von Paris, bis nach Reims und südwärts über Épernay zur Côte des Blancs und ihren südlichen Ausläufern, der Côte de Sézanne. Die Region verfügt nur über eine einzige Appellation, alle besseren Crus liegen an den Hängen der für diese Landschaft typischen Hügel. Traditionell wird ein Champagner aus Weinen verschiedener Lagen innerhalb der Appellation und aus den drei genannten Traubensorten hergestellt. Nachdem der Winzer dem Grundwein die Fülldosage zugesetzt hat, findet in der Flasche eine zweite Gärung statt. Erst nach einer mehrmonatigen Reife auf der Hefe, dem Rütteln, Degorgieren und Verkorken, gelangt der fertige Champagner in den Handel. Die geschützte Herkunftsbezeichnung „Champagne" garantiert seit 1935, dass nur ein Schaumwein, der in dieser Region hergestellt wurde, als Champagner verkauft werden darf.

ELSASS

Entlang der Oberrheinischen Tiefebene bauen Elsässer Winzer auf einem Streifen von ungefähr 100 Kilometern vor allem weiße Reben an. Erst nach dem Zweiten Weltkrieg hat das Elsass zu einer neuen Identität und zu einer konsequenten Qualitätspolitik im Weinbau gefunden. Wichtigster Grund hierfür ist die bewegte politische Geschichte. Auch wenn die Sortenvielfalt mittlerweile gestiegen ist, stehen sieben Rebsorten für die klassische Elsässer Weinbautradition: Riesling, Gewürztraminer, Silvaner, Pinot blanc, Pinot gris, Muscat und Pinot noir. Berühmt geworden ist der „Edelzwicker", eine Cuvée aus unterschiedlichen Sorten. Die meisten Weine werden jedoch sortenrein gekeltert. 51 Spitzenlagen tragen heute die Bezeichnung „Alsace Grand Cru", 2011 wurden sie auch als Appellationen anerkannt.

LANGUEDOC-ROUSSILLON

Zwischen Meer und Gebirgszügen – zwischen Montpellier, Carcassonne und den Pyrenäen – liegt Frankreichs größte Weinregion. Lange Zeit produzierten die

Winzer im Languedoc fast ausschließlich Massenweine, die einfach und alkoholstark waren. Im Roussillon hingegen entstanden neben trockenen Weinen bereits seit dem 13. Jahrhundert gespritete Süßweine, die berühmten Vin doux naturel.

Erst in den 1980er-Jahren kam es auch im Languedoc zur Wende in Richtung Qualitätsweinbau durch den zum Vorzeigegut avancierten Betrieb Mas de Daumas Gassac. Sein Cabernet Sauvignon eroberte die Weinszene und hielt jedem internationalen Vergleich stand. Es handelte sich zwar nicht um einen Wein aus den klassischen Rebsorten der Region, doch engagierte Erzeuger erkannten plötzlich, dass sie mit Mengenreduzierung, Weinbergspflege und neuer Kellertechnik in der Lage waren, konkurrenzfähige Weine zu erzeugen. Der Stein war ins Rollen geraten, und vor allem junge Winzer kamen auf den Geschmack und wollten sich zum ersten Mal in der Geschichte ihrer Region mit anderen Erzeugern messen. Als Schlagwörter galten alte Rebstöcke, minimale Erträge, erhöhte Pflanzdichte, karge Böden, Barriquefässer. Das Terroir bekam ebenfalls einen hohen Stellenwert und verlieh den Weinen den Charakter, der ihnen bis zu jenem Zeitpunkt stets gefehlt hatte. Qualitätsweinbau begann sich im großen Stil durchzusetzen, und neben den traditionell angebauten Rebsorten Grenache, Carignan und Mourvèdre hielten auch internationale Sorten Einzug. Vor allem Syrah, der fruchtige, vollmundige Weine hervorbringt, kam zu wohlverdientem, neuem Ruhm.

LOIRE

Die Loire, Frankreichs längster Fluss und einer der letzten wilden, unverbauten Wasserläufe Europas, prägt die Weinregion, aus der vor allem frische, fruchtige Weiß- und Roséweine, Qualitätsschaumweine und extraktreiche Süßweine kommen. Einst ließ der Adel in dieser eher ländlichen Region prunkvolle Jagdhäuser und Schlösser errichten, die noch heute touristische Anziehungspunkte sind. Das Klima an der Loire ist recht ausgeglichen und bietet einer Vielzahl von Rebsorten, die sich dem jeweiligen Terroir angepasst haben, beste Wachstumsbedingungen. Die große Besonderheit besteht darin, dass die meisten Weine aus einer einzigen Rebsorte gewonnen werden. Das Anbaugebiet ist die Hochburg von Chenin blanc und Sauvignon blanc, Melon de Bourgogne und Cabernet Franc.

Sauvignon blanc ist die wichtigste Weißweinsorte der Anbaugebiete Sancerre und Pouilly-Fumé mit ihren kalkhaltigen Böden am Oberlauf der Loire. Diese Weine sind weltbekannt für ihre erdige, rauchige Art und einen Duft, der an Feuerstein (Silex) erinnern kann. Manch einer kennt ihn vielleicht von Zündplättchen. Flussabwärts, in der Touraine, in Saumur und Anjou, dominiert die Traubensorte Chenin blanc. Sie bringt trockene, halbtrockene oder liebliche Weine hervor, die still oder schäumend sein können, während die Appellationen Coteaux du Layon, Quarts de Chaume und Bonnezeaux für ihre Süßweine berühmt sind. Cabernet Franc ist die rote Rebsorte, die in Chinon oder Saumur-Champigny reinsortig ausgebaut wird oder als fester Cuvée-Bestandteil der fruchtigen Rosés aus Anjou und Saumur und des Rotweins aus der Touraine dient. Ganz im Westen, wo die Loire schließlich in den Atlantik mündet, wächst ausschließlich Melon de Bourgogne für den trockenen Muscadet sur Lie, einen idealen Begleiter von Fisch, Hummer und Muscheln.

RHÔNE UND PROVENCE

Das Rhônetal ist nach Bordeaux das zweitgrößte französische AOP-Anbaugebiet („Appellation d'Origine Protégée", früher AOC) und erstreckt sich an beiden Ufern der Rhône, südlich von Lyon bis hin nach Avignon. Man unterscheidet die „nördliche" und die „südliche" Rhône, da beide sehr starke Unterschiede bezüglich des Klimas, der Böden und der Rebsorten aufweisen. Alles zusammen hat deutliche Auswirkungen auf die dortigen Weine. Beiden Gebieten gemeinsam ist der Mistral, ein kühler Wind aus den Alpen. Eine Vielzahl hervorragender Rot-, Weiß- und Roséweine verbindet ihr voller, würziger Geschmack.

Im nördlichen Teil spielen Syrah für die Roten und Viognier für die Weißen eine wichtige Rolle. Sie ergeben reinsortige Weine, die zu Weltruhm gelangten, wie die Crus Hermitage, Côte Rotie und Condrieu.

Im Süden herrschen Assemblagen aus Grenache, Syrah, Mourvèdre und anderen roten, mediterranen Rebsorten vor. Die weißen Cuvées bestehen aus Grenache blanc, Clairette, Marsanne, Roussanne, Bourboulenc oder Viognier. Die Weinpalette ist groß: Man findet fruchtige, geschmeidige Côtes du Rhône, komplexere Côtes du Rhône Village mit ausgeprägter Struktur und Crus wie beispielsweise Gigondas, Vacqueyras oder Tavel (nur als Rosé), die von ihrem Terroir geprägt sind. Der berühmteste Cru ist Châteauneuf-du-Pape, der insgesamt 13 Rebsorten enthalten darf.

Östlich der Rhône-Mündung bis zum Hinterland der Stadt Nizza und von den Küsten des Mittelmeers bis zu den Voralpen liegt die Provence. Hier, im Süden Frankreichs, wo die Sonne rund 3000 Stunden im Jahr scheint, stürmische Winde vorherrschen, Regenfälle selten, wenn auch heftig sind, arbeiten viele Winzer auf den kargen Böden ertragsreduziert und nach den Bestimmungen des biologischen Weinbaus. Die Rosés, die das Anbaugebiet bekannt machten, bestimmen auch heute noch mit rund 90 Prozent das Portfolio der Winzer. Doch es werden auch Rotweine mit einem erstaunlich guten Preis-Leistungs-Verhältnis produziert. Zugelassene Rebsorten sind Grenache, Syrah, Cinsault und Mourvèdre sowie Cabernet Sauvignon. Die wenigen Weißweine aus den Sorten Rolle, die in Italien als Vermentino bekannt ist, und Ugni blanc überraschen mit ihrer Frucht und Säure.

ITALIEN

Lago Maggiore
Lago di Como
Po
Po
VENEDIG
MAILAND
ROM
NEAPEL

Mit Sicherheit ist Italien eine der bedeutendsten und nach Griechenland die älteste Weinbaunation Europas. „Oinotria", „das Weinland", ist heute groß und vielfältig und hat in den vergangenen Jahrzehnten eine rasante Entwicklung von der Massenweinproduktion zum Qualitätsweinbau durchlaufen. Die italienische Weinpalette ist so umfangreich und in den Qualitäten so verschieden wie Land und Leute. Italiens Weine und Anbaugebiete in all ihren Aspekten zu erfassen, scheint fast unmöglich. Kein anderes Land hat so unterschiedliche Rebsorten, Böden und Mikroklimata zu bieten wie Italien und seine beiden Inseln Sizilien und Sardinien. Einfachste Landweine, vielfach produziert aus regionalen Traubensorten und meist in großen Literflaschen abgefüllt, gehören genauso zur italienischen Weinlandschaft wie die edlen Gewächsen aus der Toskana oder dem Piemont, die auf internationalem Terrain Höchstpreise erzielen.

Das italienische System der Wein-Klassifizierung ähnelt dem französischen. Doch anders als in Frankreich ließen sich Spitzenwinzer gegen Ende des letzten Jahrhunderts vom Qualitätssystem der DOCs und DOCGs nicht mehr so recht überzeugen. Sie fühlten sich durch das strenge Reglement in ihrer Arbeit behindert und beklagten eine negative Auswirkung auf ihre Weine. So waren zum Beispiel internationale Rebsorten wie Sauvignon blanc oder Merlot für die Herstellung von Premiumweinen ebenso verboten wie die Verwendung von

Barriquefässern. Findige Erzeuger in der Toskana kamen Mitte der 1970er-Jahre auf die Idee, ihre Weine entgegen aller Statuten zu produzieren und sie statt als DOC lediglich als Vino da Tavola, also als einfachen Tafelwein, im Markt zu platzieren. Das Konzept schlug ein wie eine Bombe – und berühmte Stars wie „Sassicaia“, „Ornellaia“ und „Solaia“ waren geboren. Sie erzielten auf internationalem Parkett Spitzenpreise für ihre herausragende Qualität. Von gesetzlicher Seite wurde 1992 eingelenkt und die Qualitätsstufe IGT geschaffen. Sie umfasst Tafelweine mit geografischer Herkunftsangabe und lässt den Winzern einen gewissen Freiraum bei der Erzeugung ihrer Produkte.

Aufgrund der Vielzahl an italienischen Anbaugebieten haben wir im Folgenden die wichtigsten Regionen zusammengefasst.

DER NORDWESTEN: AOSTA-TAL, PIEMONT, LOMBARDEI

Die Winzer im Aosta-Tal bauen ihre Reben in oft schwindelerregenden Höhen an. Ihre erste Wahl gilt den Weißweinen, doch wie ihre Nachbarn im Piemont haben sie sich auch dem Anbau der Nebbiolo-Traube verschrieben, aus der elegante Rotweine entstehen.

Das Herz der Piemonteser schlägt für Nebbiolo, aus dem die Stars der Region, Barolo und Barbaresco, sowie die Sternchen Gattinara und Ghemme gekeltert werden. Der wuchtige, schwere Barolo rüstete in den 70er-Jahren des letzten Jahrhunderts zu seinem Siegeszug, als ambitionierte Winzer die Fachwelt mit ihren im Barriquefass ausgebauten Weinen in Erstaunen versetzten. Die reinsortigen Nebbiolo-Weine sind bis heute die Spitzenprodukte des Piemont, obwohl die Rebsorte Barbera die meistangebaute Traube ist. Letztere erlebte in den vergangenen Jahren durch neue Vinifizierungstechniken einen großen Aufschwung und bringt so berühmte Weine wie den „Bricco dell'Uccellone“ hervor. Doch auch für andere interessante Weine bietet das Piemont ein Forum. Zu ihnen gehören der weiße, trockene Gavi aus dem Südosten sowie einfache, leichte Weine aus der Dolcetto-Traube, die ideal zum regionalen Essen passen. Nicht zu vergessen ist der schäumende, süße Asti DOC, der am meisten verbreitete Wein der Region.

Auch die Lombardei zählt zu den wichtigsten Weinregionen Italiens und liegt inmitten des Alpenbogens im Einflussbereich vieler unterschiedlicher Mikroklimata. Hauptweinbauzentren sind die Gebiete Oltrepò Pavese, Franciacorta und Valtellina, wo die Rebterrassen bis auf eine Höhe von 600 Metern ansteigen. Im Oltrepò Pavese findet sich ebenso wie in der Franciacorta die Basis großer italienischer Schaumweine. Das Valtellina ist vor allem durch die Produktion von Nebbiolo-Weinen in den Fokus des Interesses gerückt. Vom Westufer des Gardasees kommen lebhafte Rotweine aus den Sorten Rondinella, Merlot und Cabernet, Weißweine werden hier aus Trebbiano toscano, Garganega und anderen lokalen Rebsorten gekeltert.

DER NORDOSTEN: SÜDTIROL/TRENTINO, VENETIEN, FRIAUL

Die Provinzen Südtirol und Trentino profitieren aufgrund ihrer Lage zwischen Alpenkamm und Gardasee von dem sonnigen Klima der Region. Obwohl Südtirol lange Zeit für einfache Rote bekannt war, haben sich mittlerweile besonders die eleganten Weißweine in die Spitze der italienischen Weinszene geschoben, allen voran die weißen Burgundersorten. Doch auch die Roten Vernatsch und Lagrein konnten an Renommee zulegen. Zudem zählen Südtiroler Sektkellereien zu den führenden des Landes. Im Trentino wachsen die Reben vor allem im Etsch-Tal und in ihren Seitentälern Valle dei Laghi und Val di Cembra. Mit Nosiola und Teroldego besitzt das Trentino zwei hochwertige rote Sorten, die sonst nirgendwo auf der Welt kultiviert werden.

Vom Rand der Dolomiten bis hin zur Poebene erstreckt sich das facettenreiche Weinland Venetien mit einer Vielfalt an lokalen Rebsorten sowie verschiedensten Klima- und Bodentypen. Der prickelnde Prosecco aus der gleichnamigen Traube ist nach wie vor der bekannteste Wein und zählt seit Jahrzehnten zu den Exportschlagern der Region. Die Traubensorte Corvina liefert das Basismaterial für die wichtigsten Rotweine des Veneto: Valpolicella und Amarone della Valpolicella. Auch der helle, rote Bardolino vom Ostufer des Gardasees ist prägend für Venetien sowie Garganega, die meistangebaute Weißweinsorte, die vor allem im Soave ihr ganzes Potenzial zeigt.

Ihren modernen Weißweinen verdankt die Weinregion Friaul ihren guten Ruf. Das östlichste Anbaugebiet Italiens zieht sich entlang der slowenischen Grenze und ist vor allem für die DOC-Regionen Collio Goriziano im Süden und Colli Orientali del Friuli in der Provinz Udine bekannt. In der Mitte der Region erstreckt sich die weite Schwemmlandebene der ertragreichen Grave del Friuli. Vor allem rote Sorten finden auf den fruchtbaren Böden ideale Wachstumsbedingungen. Hier wird aufgrund der hohen Produktionsmengen nach wie vor auch Massenware produziert.

TOSKANA

Das Land der Etrusker ist zwar nur ein relativ kleines Anbaugebiet, liegt in der Erzeugung von Spitzenweinen jedoch ganz vorne. Berühmte Namen wie Brunello di Montalcino, Chianti Classico, Vernaccia di San Gimignano und Vino Nobile di Montepulciano haben hier ihren Ursprung. Die einst als Tafelwein klassifizierten Super-Toskaner wie „Sassicaia" oder „Ornellaia" gehören ebenso zu den Spitzenweinen der internationalen Weinszene. Wichtigste Rebsorte ist die rote Sangiovese, daneben hat auch Cabernet Sauvignon in den Weinbergen ideale Wachstumsbedingungen gefunden. Zu den wichtigsten Weißweinsorten, die sich allerdings ein bisschen wie Außenseiter zwischen all den Roten ausnehmen, gehören Vernaccia und Trebbiano.

SÜDITALIEN

Italiens Weinsüden hat sich gemausert. Winzer und Investoren waren Ende des letzten Jahrhunderts unter anderem auf das Potenzial der Anbaugebiete in Kampanien, Apulien und auf den Inseln Sardinien und Sizilien aufmerksam geworden und haben seitdem Qualität und Renommee der Weine beachtlich gesteigert. Vorreiterrolle hatten zunächst Tropfen, die dem internationalen Stil entsprachen, doch mittlerweile ziehen auch Weine aus heimischen Rebsorten die Aufmerksamkeit auf sich. Kampanien verfügt mit der roten Rebsorte Aglianico und den Hanglagen vulkanischen Ursprungs über beste Bedingungen für die Herstellung von Spitzenprodukten. Apulische Winzer, denen es gelingt, die Hektarhöchsterträge zu minimieren, können das ganze Potenzial der roten Negroamaro-Traube ausspielen.

Auf Sardinien fällt ein Großteil der Weinproduktion auf weiße Rebsorten, vor allem im Westen der Insel erzeugt man zwei ganz spezielle Tropfen: Der trockene Vernaccia di Oristano verfügt über einen hohen Alkoholgehalt, der sehr seltene Malvasia di Bosa ähnelt dagegen eher einem ungespriteten Sherry. Im Nordteil der Insel kommen aus der DOC Moscato di Sorso-Sennori süße, angenehm aromatische Weißweine.

Sizilien gehört zu den ältesten europäischen Weinbauregionen. Lange Zeit war die Insel ausschließlich für anonyme Massenweine bekannt, erst vor etwa zwei Jahrzehnten hat auch hier ein neues Qualitätsbewusstsein eingesetzt. Die wichtigste Weinprovinz ist Messina im Osten Siziliens. Hier wird aus Nerello Mascalese und Nerello Cappuccio der rote Faro gekeltert. Der repräsentativste DOC-Wein aus dem Südosten Siziliens ist der Cerasuolo di Vittoria, ein milder, alkoholkräftiger Wein, der vor allem mit der regionalen Küche harmoniert. Bekannt ist auch Marsala, ein Likörwein, der seinen Namen der gleichnamigen sizilianischen Hafenstadt verdankt.

SPANIEN PORTUGAL

SPANIEN

Spanien ist das flächenmäßig größte Weinbauland der Welt – noch! Nicht nur, dass andere Länder – allen voran China – ihre Rebflächen erheblich erweitern, sondern vor allem auch, weil sich Spaniens Rebfläche seit dem Beitritt zur EG fast halbiert hat. Zahlen findet man viele, und die meisten davon sind veraltet. Grob kann man sagen, dass die Gesamtrebfläche Spaniens knapp zehnmal so groß ist wie die Anbaufläche Deutschlands. Trotz kleinerer Rebflächen produzieren Frankreichs und Italiens Winzer in den meisten Jahren jedoch mehr Wein als spanische. Grund dafür ist nicht die Qualitätsbesessenheit der jeweiligen Winzer – auch wenn es zahllose ambitionierte Produzenten und auch Spitzenerzeuger gibt. Hier kommt das Klima ins Spiel. Der Kern der Iberischen Halbinsel ist das ausgedehnte kastilische Hochland. Die sogenannte Meseta reicht vom kantabrischen Küstengebirge im Norden bis zur Sierra Nevada im Süden, von der Grenze zu Portugal im Westen bis fast an die Mittelmeerküste im Osten. Das Kastilische Scheidegebirge überragt nordwestlich von Madrid die Meseta nochmals mit bis zu fast 2600 Meter hohen Spitzen. Dadurch teilt sich die Meseta in den nördlichen Teil „Altkastilien“ und den südlichen Teil „Neukastilien“, oft auch Kastilien-La Mancha genannt. Da die Meseta zudem fast komplett von einem Kranz von weiteren, über 2000 Meter aufsteigenden Gebirgen eingerahmt wird, herrscht hier vielfach ein strenges kontinentales Klima mit extrem heißen Sommern, bitterkalten Wintern und nur geringen Niederschlägen. Daher sind die Pflanzdichte der Reben in weiten Teilen Kastiliens und damit einhergehend auch der Hektarertrag sehr gering.

Ganz andere Verhältnisse finden wir an der Atlantikküste vor. In den Regionen, die von den Pyrenäen bis nach Galicien im recht schmalen Bereich am kantabrischen Küstengebirge angesiedelt sind, ist naturgemäß mehr Weißwein zu finden. Auch der Streifen entlang der Mittelmeerküste mit mildem medi-

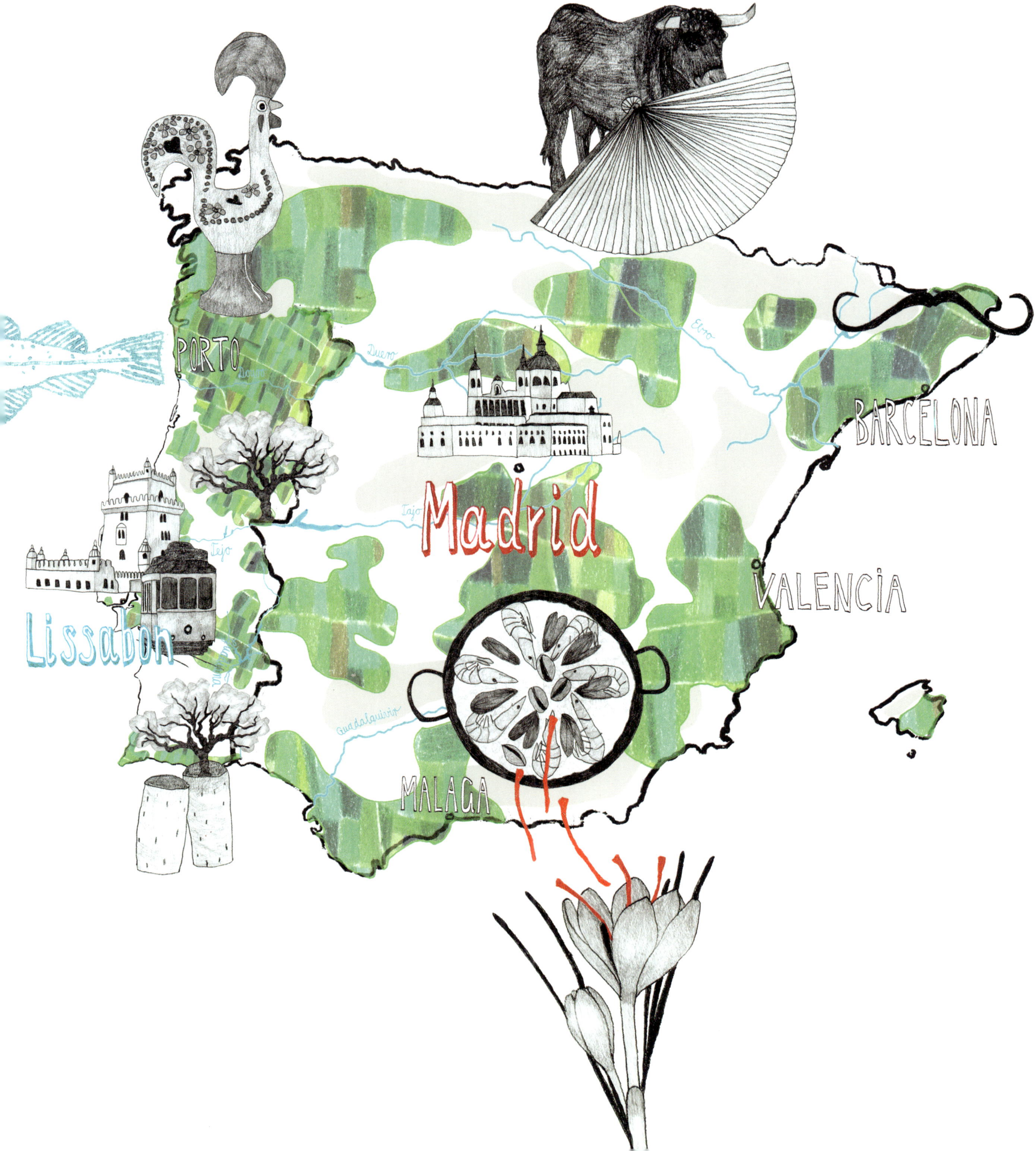
PORTO
Duero
Ebro
BARCELONA
Tajo
Madrid
Tejo
VALENCIA
Lissabon
Guadalquivir
MALAGA

terranem Klima ist schmal, da Ausläufer der Bergketten, welche die kastilische Hochebene umgeben, vielfach fast bis an das Mittelmeer reichen und dort steil zum Meer hin abfallen. So finden wir rings um die Meseta klimatische Mischzonen, in denen sich die Einflüsse verschiedener Klimazonen überlappen. Das breite Ebrotal, das sich zwischen den Höhen der Meseta und den Pyrenäen eingegraben hat, stellt einen Klimakorridor dar, durch den mediterrane Einflüsse weit ins Landesinnere bis in das Navarra und den südlichen Teil der Rioja vordringen.

Die Anzahl der Qualitätsweinbaugebiete (Denominaciones de Origen) wächst stetig und das trotz geringer werdender Gesamtrebfläche. Nimmt man die 2003 eingeführten Lagenweinappellationen (Vinos de Pago) hinzu, so sind es inzwischen 90 Herkunftsbezeichnungen. Und wenn dieses Buch gedruckt vorliegt, sind es wahrscheinlich schon wieder mehr geworden. Dies spiegelt zum einen die Vielfältigkeit des Landes wider, ist aber auch mit dem Streben nach Qualität und regionaler Identität zu begründen. Lange Zeit war das Terroir einer Einzellage von untergeordneter Bedeutung. Mit dem Siegeszug der katalanischen Region Priorat Mitte der 1990er-Jahre setzte jedoch ein Umdenken ein – langsam, aber sicher. Der derzeitige Trend geht in Richtung kühlere Höhenlagen und autochthone Rebsorten. Kleine Betriebe, die vom Weinberg bis zur Vermarktung alles in eigener Regie machen, entstehen als Gegenpol zu den großen Erzeugern, die lange Zeit kaum eigene Weinberge hatten, sondern über den gezielten Kauf von passendem Lesegut oder Grundweinen ihren Stil über die Jahre hinweg prägen. Aber auch Weine von Winzergenossenschaften, den „Cooperativas", erstaunen immer wieder.

Die klassische Gliederung in die Qualitätsstufen Crianza, Reserva und Gran Reserva, die darauf abzielte, den Wein erst mit einer gewissen Trinkreife auf den Markt zu bringen, verschwindet zunehmend. Es hat in weiten Teilen eine Neuorientierung stattgefunden, die nicht nur die Reifezeit des Weins im Holzfass und in der Flasche zur Grundlage hat. Dies macht es dem Verbraucher nicht gerade einfacher, von der Bezeichnung her auf den Inhalt des Weins zu schließen, den er vor sich hat.

Tempranillo ist mit Sicherheit die bekannteste Rebsorte Spaniens, auch wenn sie (noch) nicht die meistangebaute Rebsorte des Landes ist. Noch bis ins neue Jahrtausend hinein war die vielen unbekannte Weißweinrebsorte Airén sogar die meistangebaute Varietät der Welt. Sie dient vielfach als neutraler Grundwein für die Sekt- und Branntweinindustrie und hält weltweit den Rekord im Schrumpfen. Von annähernd 500.000 Hektar Rebfläche im Jahr 1990 ist heute gerade noch die Hälfte übrig geblieben. Im gleichen Zeitraum, vor allem im ersten Jahrzehnt des neuen Millenniums, wuchs die Anbaufläche der Rebsorte Tempranillo auf rund 210.000 Hektar, was dem Doppelten der gesamtdeutschen Rebfläche entspricht.

Neben diesen beiden flächenmäßigen Schwergewichten tummeln sich zahlreiche autochthone Rebsorten wie Bobal, Callet, Graciano, Manto Negro, Mencía, Monastrell oder Prieto Picudo bei den Roten und Albariño, Godello und Verdejo bei den Weißen in den diversen Regionen Spaniens sowie in steigendem Maße auch importierte Sorten, allen voran die französischen Klassiker Cabernet Sauvignon, Syrah und Merlot. Der Fokus liegt – vor allem bei den ambitionierten und qualitätsbesessenen Winzern – auf den heimischen Rebsorten, die derzeit eine Renaissance erleben. Mit Vorliebe werden uralte Rebanlagen, teilweise noch mit wurzelechten Rebstöcken aus der Zeit vor der Reblaus-Krise, rekultiviert und wieder zum Leben erweckt. Die Ergebnisse sind vielversprechend!

KATALONIEN

Die politische Region im Nordosten Spaniens macht immer wieder von sich reden: sei es durch die Einführung der Schaumweinproduktion im ausgehenden 19. Jahrhundert im Penedès oder durch das bewusste Herausstellen des Terroirs der Einzellagen im Priorat ein Jahrhundert später. Junge Önologen und engagierte Weinmacher haben in den folgenden Jahren weitere Herkünfte im katalanischen Bergland – wie Montsant und Terra Alta – wiederentdeckt und dort Terroirprojekte umgesetzt. Von der Produktionsseite her werden für die Herstellung des Cava – der fast ausschließlich aus Katalonien und dort zum größten Teil aus dem Penedès kommt – rund die Hälfte der in Katalonien gelesenen Trauben verwendet. Beim Thema Landwein haben die Katalanen einen Sonderweg bestritten. Statt der sonst in Spanien üblichen Vino-de-la-Tierra-Region wurde die alle katalanischen Anbaugebiete und Weinbergsflächen umfassende DO Catalunya etabliert.

RIOJA

Rioja ist die „Grande Dame“ des spanischen Weinbaus. Lange Zeit war es die einzig nennenswerte Region für hochwertige Weine aus Spanien, von Sherry einmal abgesehen. Weil sich Dame aber ein längeres Nickerchen erlaubt und auf ihren Lorbeeren ausgeruht hatte, wurde sie plötzlich von Regionen, wie Ribera del Duero in den 1980er-Jahren und Priorat im darauffolgenden Jahrzehnt überholt. Und was macht eine Grande Dame in solch einer Situation? Sie erfindet sich neu, ohne Tradition und Erfahrung zu verleugnen. Waren es lange Zeit einzig die Weinstile der einzelnen großen Bodegas, die es unabhängig von Terroir und Jahrgang zu wahren galt, hat sich nun – auch durch das Entstehen vieler neuer kleiner Kellereien – das Angebot stark individualisiert. So finden wir heute ein Spektrum an Weinen, bei roten Tropfen hauptsächlich aus Tempranillo gekeltert, von erzkonservativ bis avantgardistisch, von Ballerina bis Bodybuilder, von schlank und zartgliedrig bis fett und kolossal.

GALICIEN

Galicien ist vom Atlantik geprägt: das Klima, die Landschaft, die Menschen und natürlich die Weine. Wer hier landet, merkt gar nicht, dass er in Spanien ist. Viel Grün, kleinparzellierte Weinbergterrassen an den Hängen der Flüsse, welche die Küste zerstückeln. Mit dem Albariño aus Rías Baixas konnte erstmals eine Weißweinregion aus Spanien national wie international punkten. Auch die anderen Regionen im Nordwesten Spaniens schicken sich an, die Aufmerksamkeit auf sich zu ziehen. Vornehmlich mit Weinen aus heimischen Rebsorten wie Godello, Loureira und Treixadura oder der roten Rebsorte Mencía.

KASTILIEN

Wenn man auf die Landkarte Spaniens schaut, sieht man zunächst Kastilien. Das Land der Burgen, die ihm den Namen verliehen haben, nimmt als Hochebene das gesamte Zentrum ein. Es wird vom Kastilischen Scheidegebirge, nordwestlich von Madrid, in einen nördlichen und einen südlichen Teil geteilt.

Im nördlichen Kastilien-León liegen vor allem entlang des Duero zahlreiche renommierte Weinbaugebiete, allen voran Ribera del Duero, das von der Rebsorte Tempranillo beherrscht wird. Aber auch die DO Toro hat sich einen Namen für kraftvolle Rotweine vor allem aus der Rebsorte Tinta de Toro, einer Urform des Tempranillo, gemacht. Und die DO Rueda ist durch ihre fruchtbetonten Weißweine aus Verdejo-Trauben in aller Munde. Abseits des Duero hat sich die Region Bierzo – an der Grenze zu Galicien gelegen – mit den Rotweinen aus Mencía einen guten Ruf erarbeitet.

Im südlichen Kastilien-La Mancha herrscht nicht nur Don Quijote allenthalben, sondern auch die weiße Rebsorte Airén. Vor allem in den Höhenlagen haben sich zahlreiche Vino-de-Pago-Gebiete etabliert, die demonstrieren, welche Qualitäten in der Region möglich sind. Zwischen den beiden Kastiliens liegt die Hauptstadt Madrid mit der nach ihr benannten Weinbauregion Vinos de Madrid. Beeinflusst durch den Klimawandel suchen etliche Winzer den Ausweg nach oben, in kühlere Höhenlagen. Da eigenen sich die Bergrücken rund um die Meseta in idealer Weise. Auch in der Sierra de Gredos, einem Teil des Kastilischen Scheidegebirges, entstehen neue Projekte, die auf alten Rebanlagen in Höhen von teilweise über 1000 Metern basieren.

LEVANTE

Als Levante bezeichnet man in Spanien die Mittelmeerregion rund um die Städte Valencia, Alicante und Murcía mit ihrem Hinterland. An der Küste finden sich sehr fruchtbare Gegenden mit feuchtheißem Mittelmeerklima. Im bergigen Hinterland ist es hingegen deutlich trockener und heißer. Hier fühlt sich die Rebsorte Monastrell wohl und bildet die Grundlage der meisten Rotweine. Diverse weitere Rebsorten erweitern das Spektrum der Weine und Cuvées, wobei sich vor allem Cabernet und Syrah sowie Tempranillo und Garnacha, aber auch Bobal aus alten Rebanlagen positiv hervortun.

ANDALUSIEN

Wenn man weintechnisch an Andalusien denkt, ist Sherry sofort präsent: Fino, Manzanilla, Amontillado, Oloroso und so weiter. Weine sind leider stark in Vergessenheit geraten. Andererseits haben sich durch des Käufers Zurückhaltung nun auch die sonst eher zurückhaltenden Andalusier geöffnet und holen rare Schätze aus den Soleras ihrer kathedralartigen Bodegas. Nie zuvor waren solche Weine nicht nur einem kleinen Kreis, sondern fast allgemein verfügbar. Auch von den über Jahrhunderten geschätzten Likörweinen aus Málaga hört man kaum noch etwas, was jedoch ebenfalls nicht an den erzeugten Qualitäten liegt.

Abseits der Likörweine hat sich vor allem in den Sierras de Málaga einiges getan. In den Höhenlagen bei Ronda, Luftlinie keine 50 Kilometer von Marbella entfernt, entstehen großartige trockene Rotweine, vor allem aus den französischen Rebsorten Cabernet, Syrah, Merlot und Petit Verdot.

MALLORCA

Gerne auch als siebzehntes deutsches Bundesland bezeichnet, ist die Baleareninsel Mallorca, was Wein angeht, sehr eigenständig. Rotweine aus Manto negro und Callet findet man sonst nirgends. Vor allem in Cuvées miteinander oder mit Cabernet Sauvignon sowie Merlot laufen sie zu Hochform auf und begeistern nicht nur die Urlauber auf der Insel.

PORTUGAL

In Portugal gibt es fast überall Weinbau. Von Nord nach Süd, von Ost nach West. Nur wenige Gebiete erlauben keinen Anbau von Weinreben. Obwohl flächenmäßig nur etwas mehr als ein Viertel so groß wie Deutschland, hat das Land an der iberischen Atlantikküste eine mehr als doppelt so große Rebfläche.

Auf der überschaubaren Landesfläche Lusitaniens sind gewaltige klimatische und geografische Gegensätzlichkeiten anzutreffen. Vom atlantisch geprägten Nordwesten über das schiefergeprägte malerische, aber auch karge Dourotal und den ansteigenden Bergen mit Granitverwitterungsböden im Beiras bis hin zum heißen und trockenen Landesinneren im Süden ist alles zu finden. Gepaart mit einer schier unzählbaren Anzahl autochthoner Rebsorten, die zudem gerne mit den internationalen Klassikern verschnitten werden, ergibt sich eine enorme

Vielfalt an Weinstilistiken und -typen. Vom frischen, unkomplizierten Vinho Verde bis zum erdig-mineralischen Encruzado aus dem Dão. Vom knorrigen, Baga-geprägten Bairrada bis zum Neue-Welt-Typ aus dem Alentejo. Dies zeichnet Portugal für den Kenner aus, macht es dem Novizen aber schwer. Trotz der räumlichen Nähe zu Spanien sind die Weine Portugals unverwechselbar. Einzig am Minho, dem Grenzfluss zu Spanien im hohen Norden, fällt es schwer, im Wein die Grenze zwischen Alvarinho (Vinho Verde, Portugal) und Albariño (Rías Baixas, Spanien) zu finden.

DIE DREI SÜSSEN

Port, Madeira und Moscatel de Setúbal sind die drei Likörweinklassiker der Seefahrernation. Die Seefahrt war der Grund für die Entstehung dieser alkoholverstärkten Weine. Der englische Begriff „fortified wines" spiegelt dieses Ansinnen perfekt wider: Die Weine sollten für die langwierigen Schiffspassagen – wie ein Fort – gerüstet werden, um sie haltbarer zu machen. Und was hilft da besser als Zucker und Alkohol?

MINHO

Die leichten, unkomplizierten, oft leicht prickelnden Vinho Verdes kennt man überall. Es sind wahre Exportschlager. Der hohe Norden Portugals zwischen Douro und Minho sowie zwischen Atlantik und den Gebirgen im Landesinneren hat jedoch weitaus mehr zu bieten: seien es rebsortenreine Weine oder klassische Cuvées, seien es im Stahltank ausgebaute oder holzfassgelagerte Weine. Die Region bietet eine überraschend große Bandbreite an Stilen.

DOURO

Aus deutscher Sicht betrachtet, fühlt man sich im Dourotal fast wie an der Mosel. Allerdings ist der portugiesische Fluss breiter, sind die umgebenden Berge höher, die Temperaturen heißer, der Niederschlag geringer und die Rebsortenvielfalt größer. Daher gehört dieses spektakuläre Weinbaugebiet zum UNESCO-Weltkulturerbe. Die Weine haben sich ihren Kult-Status verdient. Portweine mit ihrem schier nicht enden wollenden Reifepotenzial sind nur der eine Teil. „Tischweine", wie die „normalen" Rot- und Weißweine in der Region genannt werden, haben in den letzten zwei Jahrzehnten einen gewaltigen Aufschwung erlebt und sind ihrem Nischendasein entfleucht. Vom Schieferboden geprägte, mineralisch-würzige Rotweine entstehen aus den heimischen Sorten Tinta Roriz (einem der portugiesischen Synonyme für Tempranillo), Touriga Nacional, Tinta Barroca, Touriga Franca und Tinto Cão. Weine mit Weltklasseformat und zudem authentisch für die Region.

BEIRAS

Zwei Appellationen der Region Beiras rühmen sich in Fachkreisen einer gewissen Bekanntheit: zum einen die in kühler Atlantiknähe gelegene DOC Bairrada und zum anderen die an den Ausläufern der iberischen Meseta angesiedelte DOC Dão.

Das Anbaugebiet Bairrada wird – wie kein anderes in Portugal – von einer einzigen Rebsorte dominiert: Baga. Die Winzer sehen dies mit gemischten Gefühlen, da die spät reifende Sorte Feuchtigkeit im Herbst nicht gut verträgt, der nahe Atlantik aber für hohe Niederschlagsmengen sorgt. Wenn alles gut geht, können grandiose und alterungsfähige Weine entstehen. Junge Bairradas wirken oft wie ein Barolo mit frischer Säure und deutlichen Tanninen. Im Alter werden sie dann fein wie ein großer Burgunder.

Dão ist die Heimat der Rebsorte Touriga Nacional. Auf Granitverwitterungsböden an den Hängen der Serra da Estrela entstehen neben ausgezeichneten und lagerfähigen Rotweinen auch mit die größten Weißweine Lusitaniens.

ALENTEJO

Gerne wird die Region Alentejo als Kalifornien Portugals bezeichnet, obwohl der Vergleich eigentlich hinkt. Vor allem die Betriebsgröße einiger Weingüter im Alentejo mit über 600 Hektar Rebfläche sowie der weiche, harmonische Stil vieler Weine – teilweise auch sortenrein aus internationalen Rebsorten – führen zu diesem Vergleich. In den letzten Jahrzehnten sind im sonst eher von Korkeichenwäldern und Olivenhainen geprägten, ländlichen Hinterland von Lissabon moderne Weingüter entstanden. Nationale und internationale Investoren erkannten die Möglichkeiten, die sich in der weiten Ebene auftaten, auch dank großzügiger Unterstützung der EU. Vielerorts ist eine Aufbruchsstimmung zu verspüren, die durch die derzeitige Wirtschaftskrise allerdings ebenso spürbar gebremst wird.

ÖSTERREICH

Wien
Donau
Donau
FÜRSTENFELD
GRAZ
Mur

D

Die Gewächse der Alpenrepublik zählen heute zu den besten Europas, obwohl sie nach wie vor nur rund ein Prozent der weltweiten Weinproduktion ausmachen. Schon die Kelten erkannten vor etwa 3000 Jahren das Potenzial der fruchtbaren Böden und die für den Weinbau so idealen Klimabedingungen im Osten des Landes. Der erste große Boom kam jedoch erst im Mittelalter, als die Rebfläche stetig anstieg und bald zehnmal so groß war wie heute. Nachdem der Weinskandal von 1985 überwunden war, haben die österreichischen Weine durch eine konsequente Qualitätspolitik der Erzeuger international wieder an Bedeutung zugelegt.

BURGENLAND

Im Süden des Neusiedlersees werden die Rebzeilen von der Wärme aus der Ungarischen Tiefebene begünstigt. Das Mittelburgenland ist eines der wenigen österreichischen Anbaugebiete, in denen Rotwein die erste Geige spielt. Vor allem die Rebsorte Blaufränkisch findet auf den tiefgründigen, schweren Böden ideale Wachstumsbedingungen und liefert kräftige, extraktreiche Weine. Im Südburgenland sind hingegen über die Hälfte der erzeugten Weine weiß. Als regionale Spezialität gilt der „Uhudler“, ein Wein aus alten Direktträgerreben, die nicht auf Veredlungsunterlagen gepfropft wurden.

DONAULAND

Das Anbaugebiet Donauland unterteilt sich in die drei Bereiche Wagram, Tulbing und Klosterneuburg. Entlang des Flusses Wagram ist die Rebsorte Grüner Veltliner Primus inter Pares, daneben werden Weißburgunder und Riesling angebaut. Auch die Regionen Tulbing und Klosterneuburg gelten als Spezialisten für Grüne Veltliner. Die Weine aus dem Gebiet um Klosterneuburg verdanken ihre rassige, fruchtbetonte Art vor allem den Löss-, Lehm- und Sandböden, auf denen sie gedeihen. Seit rund 150 Jahren befindet sich in der Stadt die „Höhere Bundeslehr- und Versuchsanstalt für Wein- und Obstzucht“, in der auch die Zweigelt-Rebe gezüchtet wurde. Mostgewichte werden in Österreich ausschließlich nach der Klosterneuburger Mostwaage (KMV) berechnet: Die Umrechnung in Oechsle-Grade, der in Deutschland gebräuchlichen Einheit, ist durch die Formel „KMV x 5“ möglich.

KAMPTAL

Österreichs größte Weinbaustadt Langenlois ist das Zentrum dieser Region, in der vor allem Weißweinreben kultiviert werden. Die besten Trauben wachsen in den Weinbergen des berühmten „Heiligensteins“ bei Zöbing. Seine Südhanglage macht ihn zu einem der wärmsten Rebhänge Österreichs, und sein Boden aus verwittertem Wüstensandstein bringt kräftige, würzige und rassige Grüne Veltliner und Rieslinge hervor.

KREMSTAL

Das Weingebiet rund um die Stadt Krems schließt unmittelbar an die Wachau an. Auf Urgesteins- und Lössböden wachsen in erster Linie Grüne Veltliner und Riesling, doch auch Chardonnay liebt diesen Untergrund. Eine Besonderheit des Kremstals sind die großen Temperaturschwankungen zwischen Tag und Nacht. Sie haben einen positiven Einfluss auf die Traubenreife und bringen Weine mit ausgereiften Fruchtaromen hervor.

NEUSIEDLERSEE UND NEUSIEDLERSEE-HÜGELLAND

Südöstlich der Landeshauptstadt Wien, am östlichen Ufer des Neusiedlersees, wachsen unterschiedliche Reben auf einem Bodengemisch aus Löss, Schwarzerde, Schotter und Sand. In guten Jahren können vor allem die stoffreichen, aber eleganten, kraftvollen und ausdrucksstarken Weine aus der Rebsorte Zweigelt mit der internationalen Konkurrenz Schritt halten.

Das Gebiet Neusiedlersee-Hügelland, das sich westlich des Sees befindet, weist eine Vielzahl von Weintypen auf. Berühmt sind vor allem die extraktreichen und vollmundigen Süßweine aus Rust, „Ruster Ausbruch", deren Trauben durch das Klima rund um den See beeinflusst werden. Hohe Luftfeuchtigkeit und herbstliche Nebel begünstigen die Bildung der gewünschten Edelfäule als Basis für die exzellenten süßen Weine, speziell aus den Sorten weißer Burgunder, Chardonnay und Welschriesling.

STEIERMARK

In der hügeligen Südoststeiermark konzentriert sich der Weinbau nur auf wenige Zentren entlang verschiedener Weinstraßen. Die Besonderheit der Anbauregion liegt in den vulkanischen Böden, die Sauvignon blanc, Muskateller und Traminer ihre mineralische Note verleihen. Die eleganten, fruchtigen Sauvignon blanc und Muskateller aus der Südsteiermark gehören zu den besten des Landes. Dagegen ist die Weststeiermark vor allem für den „Schilcher" bekannt, einen fruchtigen, säurebetonten Rosé aus der Blauen Wildbacher-Rebe.

THERMENREGION

Klein, aber fein, lautet auch die Devise im wärmsten und trockensten Anbaugebiet Österreichs. Im nördlichen Teil um Gumpoldskirchen regiert Weißwein das Sortenspektrum mit Schwerpunkt auf den heimischen Sorten Zierfandler (auch Spätrot genannt) und Rotgipfler, während im Süden der Rotwein mit den Sorten Sankt Laurent und Pinot noir dominiert. Zentren des Rotweinanbaus sind Bad Vöslau, Sooß und Baden. Hier ist die Vegetationsphase durch die trockenen September- und Oktobermonate besonders lang, was den roten Reben zugutekommt. Die Bodenbeschaffenheit des gesamten Anbaugebiets reicht von steinigen, kargen Böden bis hin zu schweren und lehmhaltigen Untergründen und begünstigt die Sortenvielfalt.

WACHAU

In der bekanntesten Weinregion Österreichs mit ihren an der Donau liegenden terrassierten Steillagen beherrscht aufwendige Handarbeit das Leben der Winzer. Auf dem fruchtbaren, aber kargen Urgestein wachsen elegante und vielschichtige Müller-Thurgau, Zweigelt, Sankt Laurent und Blaue Portugieser. Auf internationalem Terrain spielen jedoch vor allem die Grünen Veltliner und Rieslinge aus dem engen Donautal zwischen Melk und Krems eine Rolle. Mitglieder des Gebietsschutzvereins „Vinea Wachau" haben drei Marken entwickelt, die eine Unterscheidung ihrer Weine nach dem natürlichen Alkoholgehalt ermöglichen: Duftige, leichte Weine bis 11,5 Volumenprozent Alkohol heißen „Steinfeder", Weine zwischen 11,5 und 12,5 Volumenprozent Alkohol werden „Federspiel" genannt, und kraftvolle Reserve-Weine kennzeichnen sie als „Smaragd". All diese Produkte werden ausschließlich trocken und ohne den Einsatz von Barriquefässern ausgebaut.

WEINVIERTEL

Österreichs größtes Anbaugebiet ist in erster Linie als Lieferant süffiger Grüner Veltliner bekannt. Rund die Hälfte aller österreichischen Grünen Veltliner stammen aus den hiesigen Weingärten. Die unterschiedlichen Bodentypen und Kleinklimata begünstigen jedoch den Anbau vieler weiterer weißer und roter Rebsorten.

WIEN

Wien und der Wein – zwei untrennbar miteinander verbundene Begriffe. Römische Legionäre pflanzten hier im 3. Jahrhundert n. Chr. die ersten Reben. Heute befinden sich die meisten Weinberge außerhalb der Stadtgrenze, an den Ufern der Donau und am Fuße des Bisambergs. Im Süden von Wien gibt es allerdings noch einige Orte innerhalb der Stadtgrenze, die Weinbau betreiben. Fast jeder Winzer hat einen traditionellen „Gemischten Satz" im Portfolio. Für ihn gelten spezielle Vorschriften: So müssen beispielsweise drei weiße Qualitätsweinrebsorten zusammen in einem Weinberg angepflanzt sein, die später gemeinsam geerntet und zu Wein verarbeitet werden. Visionäre Spitzenerzeuger haben diesen klassischen Wiener Wein in den letzten Jahren neu interpretiert und ihn weit über die Stadtgrenzen hinaus bekannt gemacht. Ein Großteil der produzierten Produkte wird nach wie vor über den legendären „Heurigen" abgesetzt. Der Wein des jeweils aktuellen Jahrgangs darf vom 11. November bis zum Ende des nachfolgenden Jahres verkauft werden.

SCHWEIZ, LUXEMBURG

SCHWEIZ

Der Weinanbau in der Schweiz geht auf die Römer zurück und verteilt sich auf Anbaugebiete in der Ostschweiz, Westschweiz und im Tessin. Es gibt eine Vielzahl internationaler und heimischer Rebsorten. Am weitesten verbreitet ist die Sorte Chasselas, die im Wallis Fendant genannt wird. Recht bedeutsam sind zudem Müller-Thurgau, die als Riesling x Sylvaner firmiert und vor allem in der Ostschweiz angebaut wird, sowie Sylvaner, im Wallis auch als Johannisberg bezeichnet. Als wichtigste rote Sorten gelten Pinot noir, Gamay und Merlot. Letztere nimmt am Genfer See und im Waadtland den ersten Platz ein, Merlot findet sich vor allem im Tessin. Im Wallis wächst ein Drittel der in der Schweiz erzeugten Trauben. Die Weinberge an den terrassierten Südhängen des Rhônetals sind teils abenteuerlich steil und vor allem im oberen Teil des Tals Heimat uralter heimischer Traubensorten. Diese haben jedoch höchstens regionale Bedeutung. Ein Drittel aller im Wallis produzierten Weine ist rot. Wichtigste rote Traubensorten sind Gamay und Pinot noir, oft auch zusammen gekeltert, um daraus den bekannten „Dôle" zu bereiten. Der „Oeil de Perdrix", ein roséfarbener Wein, basiert ausschließlich auf Pinot noir. Hauptanteil am weißen Rebsortenspiegel hat die Traube Chasselas/Fendant. Wichtige Anbaugebiete sind zudem Neuenburg und die Drei-Seen-Region, das Genfer Seengebiet sowie das Tessin.

LUXEMBURG

Von Wasserbillig im Norden bis nach Schengen im Süden zieht sich die Luxemburger Weinstraße über eine Länge von rund 40 Kilometern entlang der Mosel. Die Region teilt sich in zwei große Anbaugebiete: In Remich bildet Keuper mit Tonmergel die Böden des weitläufigen Tals mit seinen sanften Hängen. Von hier stammen volle, harmonische Weine. In Grevenmacher dominiert Muschelkalk. Das Tal ist eng mit steil abfallenden Hängen und begünstigt die Erzeugung rassiger, eleganter Weine. Meistangebaute Rebsorte ist Müller-Thurgau, die in Luxemburg als Rivaner bezeichnet wird. Auch Elbling macht einen großen Anteil im hiesigen Sortenspektrum aus. Hinzu gesellen sich die Weißen Auxerrois, Riesling, Pinot gris und Gewürztraminer. Rotweine sind hingegen selten. Ein großer Anteil der Reben wird zu Schaumwein verarbeitet. 1935 wurde das Qualitätsweinsystem „Marque Nationale des Vins luxembourgeois" eingeführt. Alle Luxemburger Weine müssen die dafür nötige Qualitätsprüfung durchlaufen, um entsprechend klassifiziert zu werden und die offizielle Bezeichnung Appellation „Moselle Luxembourgeoise" tragen zu dürfen. Besondere Qualitäten werden als „1er Cru" oder „Grand Premier Cru" klassifiziert.

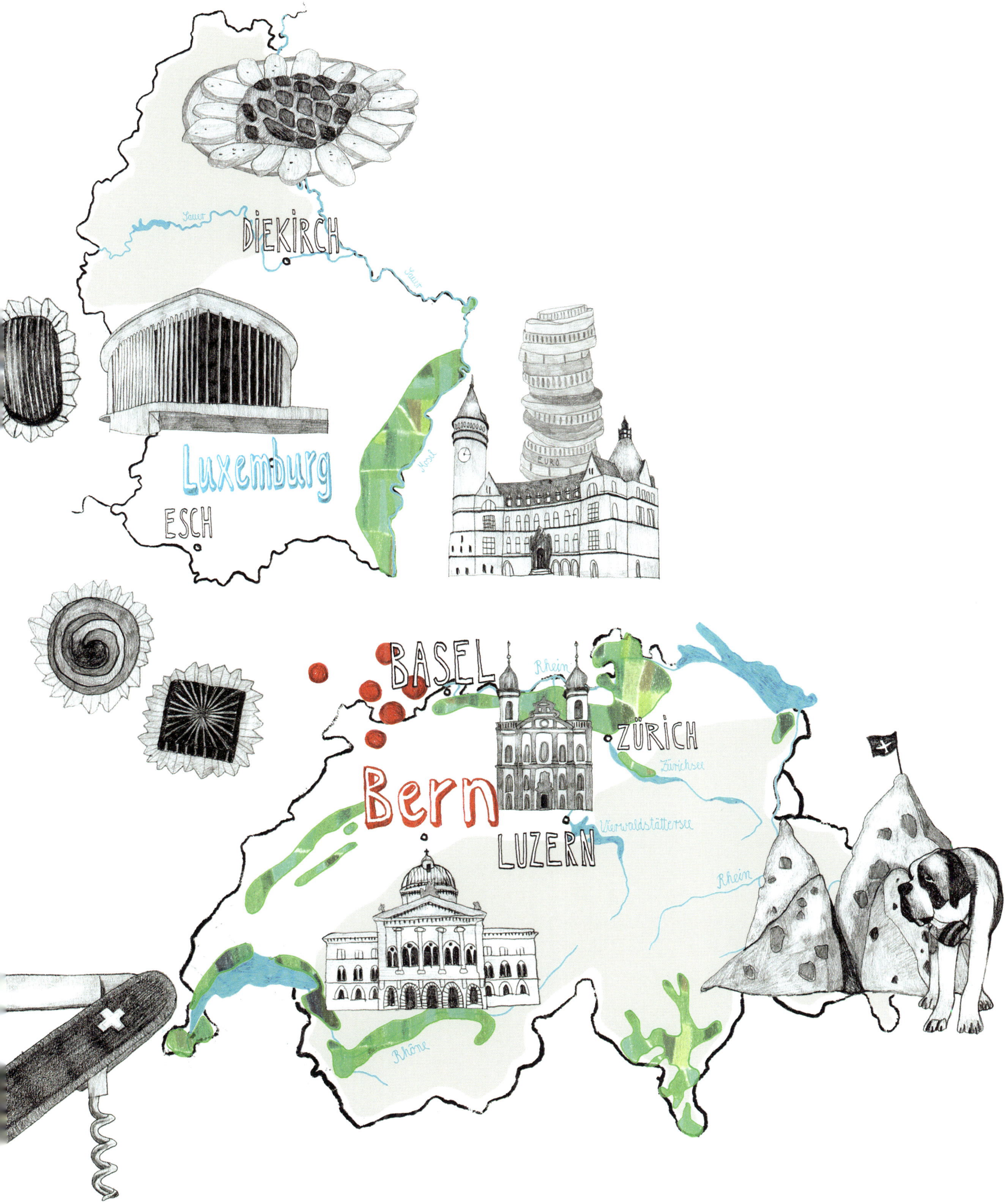
DIEKIRCH
Luxemburg
ESCH
Mosel
BASEL
Rhein
ZÜRICH
Zürichsee
Bern
Vierwaldstättersee
LUZERN
Rhein
Rhône

UNGARN, RUMÄNIEN

UNGARN

Ungarns Weinbautradition ist ungefähr genauso alt wie die französische oder die italienische. Das Renommee ungarischer Weine reichte bis weit über die Grenzen des Landes hinaus, und zu Beginn des 18. Jahrhunderts waren süße, weiße Tokajer-Weine aus den Weinkellern am Hof des französischen Königs nicht mehr wegzudenken. Der Einbruch kam erst mit der Reblaus-Katastrophe und den beiden Weltkriegen. Im letzten Jahrhundert fristeten süße und trockene ungarische Weine ein Dasein als Massenware. 1989 wurde der nationale Weinbauverband neu gegründet und der Qualitätsweinbau wieder vorangetrieben.

Das ungarische Klima mit heißen Sommern und kalten Wintern entspricht in etwa dem im französischen Burgund. Vor allem die Erzeugung von Weißweinen wird dadurch positiv beeinflusst. Die Donau teilt das Land in zwei etwa gleich große Hälften, die sich seit 1997 in 22 definierte Anbaugebiete unterteilen. Im Westen liegt Transdanubien mit dem Plattensee als Zentrum. Er wirkt sich gemeinsam mit dem nahen Neusiedlersee und der Donau auf die Witterung aus. Im Südosten zwischen Donau und Theiß liegt das Pannonische Tiefland mit seinem sandigen, steppenartigen Boden. Im Sommer ist es sehr heiß, die Winter sind hingegen sehr kalt und gefährden mit ihren Spätfrösten nicht selten den Weinbau. Die Vielfalt ungarischer Weine ist groß. Man findet hier sowohl internationale Sorten als auch heimische Reben wie Furmint, Lindenblättrige, Mädchentraube und die rote Rebe Kadarka.

RUMÄNIEN

Rumänien ist ebenfalls bekannt für seine Sortenvielfalt. Unter den etwa 60 einheimischen Rebsorten ist die weiße Feteasca Alba die am meisten angebaute Sorte. Insgesamt entfallen etwa drei Viertel der Produktion auf Weißwein und ein Viertel auf Rotwein. Bei den Roten ist Feteasca Neagra federführend.

Das Klima in Rumänien ist kontinental, im Einflussbereich der Donau gemäßigter und noch etwas wärmer an der Schwarzmeerküste. Mittlerweile existieren acht Weinbauregionen mit verschiedenen Anbaugebieten. Zu den bedeutendsten gehört Transsylvanien, das für seine Silvaner bekannt ist und als Zentrum des Weißweinanbaus gilt. Von der Moldau kommen süße, aromatische Weiße wie der bekannte Cotnari, der hier bereits seit 600 Jahren produziert wird. Oltenia und Muntenia liegen im Süden des Landes und werden von den Karpaten und der Donau begrenzt. Hier befindet sich eines der bekanntesten Anbaugebiete, Dealu Mare, das sich auf die Erzeugung internationaler Rotweinsorten sowie auf den Anbau der heimischen Feteasca Neagra spezialisiert hat.

Budapest
MISKOLC
DEBREZIN
IAŞI
BACĂU
Bukarest

RUSSLAND GEORGIEN

RUSSLAND

Als ältestes Anbaugebiet des heutigen Russlands gilt das nordkaukasische Süddagestan im Küstenstreifen des Kaspischen Meeres. Zu Beginn des 17. Jahrhunderts wurden in Astrachan Weingärten angelegt, um den Zarenhof mit Wein und Weintrauben beliefern zu können. Zwischen Jalta und Nowij Swet hat sich vor allem das Weingut Massandra zum wichtigsten Erzeuger entwickelt. Viele der dort produzierten Weine haben internationale Auszeichnungen erhalten, und Massandra wurde zur bekanntesten Krimsektmarke. Heute liegen fast alle russischen Weinberge im Nordkaukasus und verteilen sich auf die fünf Regionen Dagestan, Krasnodar, Rostow, Stawropol und Tschetscheno-Inguschien. Es gibt eine Vielzahl autochthoner Rebsorten, die meisten produzierten Weine sind halbtrocken oder süß. Seit 2006 entwickelt sich in Russland eine Weinbaukultur, die sich an internationalen Vorbildern orientiert. Im Jahr 2012 erschien sogar erstmals ein russischer Weinführer, in dem 55 Weine von 13 russischen Winzern beschrieben sind. An der Erstellung dieses Buchs waren im Übrigen auch führende russische Sommeliers beteiligt.

GEORGIEN

Südlich des Kaukasus wurden schon vor 8000 Jahren Reben kultiviert. Das heute eigenständige Georgien wird neben Mesopotamien als eigentliche Wiege der Weinkultur bezeichnet. Heute werden vor allem heimische Rebsorten angebaut, wobei rote Trauben den größten Anteil ausmachen. Winzer, die ihren Wein auf internationalem Parkett vermarkten möchten, greifen jedoch in der Regel auf bekannte Rebsorten wie Cabernet Sauvignon, Chardonnay, Malbec, Merlot, Pinot noir und Riesling zurück. In Georgien selbst sind neben trocken ausgebauten Weinen vor allem süße Liköre und gespritete Weine beliebt. Von den fünf Weinbauregionen ist Kachetien im Südosten in den Tälern von Alazani und Iori die bedeutendste. Von hier stammen 70 Prozent aller Trauben, die für den Weinbau verwendet werden.

Don
Kuban
SOTSCHI
BATUMI
Kura
Tiflis

GRIECHENLAND ZYPERN

GRIECHENLAND

Weinbau in Griechenland hat eine mehrere Jahrtausende alte Tradition. Das heutige Griechenland ist eine aufstrebende, dynamische und moderne Weinbaunation. Die Zeiten, in der man bei Erwähnung griechischer Weine sofort einen harzigen Geschmack auf der Zunge verspürte, sind längst vorbei. Zwar wird in Griechenland auch heute noch harziger Retsina produziert, doch hat sich eine neue Generation aufgeschlossener Winzer entwickelt, die mit großem Engagement Weine von internationalem Niveau produzieren. Und die Voraussetzungen für einen erfolgreichen Weinbau sind äußerst günstig: Heute stammen griechische Qualitätsweine vor allem aus den kühleren Hanglagen, die mit ihren steinigen Böden beste Bedingungen für Spitzenweine bieten. Auch die Übernahme moderner Anbaumethoden und der Einsatz internationaler Rebsorten haben Griechenland einen Platz auf den vorderen Rängen der bekannten Weinbaunationen eingebracht. Zu den wichtigsten Anbaugebieten gehören Naoussa, Zitsa, Mantineia, Santorini, Paros, Samos, Nemea oder Peza. Größtes Anbaugebiet des Landes ist der Peloponnes. Doch auch in Attika, Böotien und Euböa wird Wein angebaut, ebenso auf Kreta. Bei allem Erfolg auf internationalem Terrain haben sich die griechischen Erzeuger jedoch ihre eigene Identität bewahrt. Zwar haben international erfolgreiche Rebsorten Einzug in ihr Rebsortenspektrum gehalten, doch konnten diese die heimischen Sorten nicht verdrängen. Sie erleben vielmehr eine Renaissance und zeigen ihr großes Potenzial sowohl in Cuvées als auch reinsortig ausgebaut.

ZYPERN

Mit Beginn der 1990er-Jahre verlor Zypern zwei seiner wichtigsten Absatzmärkte: Der sozialistische Ostblock brach weg, und die Nachfrage nach dem in Großbritannien beliebten „Zypern-Sherry“ schwand. Engagierte Winzer orientierten sich jedoch neu und wagten den Schritt Richtung Qualitätsweinbau. 2006 wurden fünf Bereiche für Weine mit Herkunftsbezeichnung definiert, die aus Rebzeilen stammen müssen, die höher als 600 Meter über dem Meeresspiegel liegen und unter anderem zu 85 Prozent aus autochthonen Rebsorten gekeltert sind. Die meisten Weinberge liegen im Südwesten des Landes, zum Teil auf einer Höhe von 1500 Metern. Etwa 10 Prozent der Rebfläche entfallen auf internationale Sorten, der Rest auf heimische. Zu den bekanntesten Weinen zählt der Süßwein Commandaria, der mindestens zwei Jahre in Holzfässern reift.

THESSALONIKI
Athen
RHODOS
KRETA
FAMAGUSTA
Nikosia
LIMASSOL

NEUE WELT

AUSTRALIEN
NEUSEELAND

BRISBANE
PERTH
SYDNEY
Murray
MELBOURNE
Canberra
AUCKLAND
Wellington
CHRISTCHURCH

AUSTRALIEN

Wein zu genießen ist in Down Under ein recht neues Phänomen, wenn man europäische Maßstäbe ansetzt. Während noch bis zu Beginn des 20. Jahrhunderts in Australien Weine im Sherry- und Madeira-Stil gefragt waren, konzentrierten sich australische Winzer erst seit den 1950er-Jahren auf den Ausbau trockener Weine. Mittlerweile ist die Rebfläche enorm angestiegen, und australische Weine werden rund um den Globus getrunken. Unter den einzelnen Anbaugebieten entwickelte Südaustralien eine Vormachtstellung, vor allem auch deshalb, weil die Reblaus hier keinen Schaden anrichtete. An zweiter Stelle der Produktionsleiter steht New South Wales, gefolgt von Victoria. Auch aus Gegenden von Western Australia, in denen das Klima gemäßigt ist, kommen exzellente Weine.

Den Grundstein für die Weinwirtschaft haben europäische Siedler gelegt. In Australien gibt es bis heute keine einheimischen Reben. Sie stammen alle von europäischen Stecklingen, die in der ersten Hälfte des 19. Jahrhunderts im Süden des Landes gepflanzt wurden. Australien war das erste Land der Neuen Welt, dessen Spitzenweine sich auch auf internationalen Märkten durchsetzen konnten. Eine australische Besonderheit ist es, zwei oder mehr Weine miteinander zu verschneiden und den Wein anschließend nach sämtlichen Rebsorten zu benennen.

In Down Under gibt es kein Weingesetz, das dem europäischen gleicht. Doch es existiert eine Art Appellations-System, das die Weinbauregionen in „Geographical Indications" unterteilt. Allerdings legt diese Einteilung lediglich Anbauzonen fest, es werden weder ein bestimmter Weinstil oder noch bestimmte Rebsorten vorgeschrieben. Trägt ein Wein eine solche Gebietsangabe auf dem Etikett, muss er zu mindestens 85 Prozent von dort stammen. Das Gleiche gilt für die Angabe der Rebsorte. Die Gliederung erfolgt hierarchisch nach Bundesstaaten, Zonen, Regionen und Subregionen. In Deutschland findet man beispielsweise häufig australische Weine mit der Bezeichnung „South Eastern Australia“ im Regal. Sie umfasst die Bundesstaaten New South Wales, Victoria und Tasmanien sowie Teile von South Australia und Queensland. Ein Wein, der die Bezeichnung „South Eastern Australia“ auf dem Etikett trägt, darf aus all diesen unterschiedlichen Staaten stammen und ist in der Regel ein Verschnittwein aus verschiedenen Gebieten und Rebsorten.

Rot- und Weißweine halten sich überall im Land in etwa die Waage. Als wichtigste Rebsorten gelten Shiraz, Chardonnay, Cabernet Sauvignon, Merlot und Sauvignon blanc. Australiens Weißweine reichen von leichten Gewächsen mit frischen Zitrusaromen bis hin zu schweren, gehaltvollen Weinen, die insbesondere aus den wärmeren Anbaugebieten kommen. Die australische Rotweinszene wird von Shiraz dominiert, der fruchtige Weine mit würzigem Duft hervorbringt. Doch auch Pinot noir findet in kühleren Regionen – wie der Insel Tasmanien – beste Wachstumsbedingungen und wird von ambitionierten Winzern nach burgundischem Vorbild ausgebaut.

SÜDAUSTRALIEN

Die in Deutschland wahrscheinlich bekannteste Shiraz-Region ist das Barossa Valley in Südaustralien, rund 60 Kilometer nordöstlich von Adelaide. Heute werden hier schätzungsweise über die Hälfte des gesamten australischen Weins produziert. Das warme Klima mit niedriger Luftfeuchtigkeit und maßvollen Regenfällen bietet hervorragende Voraussetzungen für körperreiche Rote und langlebige Weiße. Weiter südlich finden wir das Mc Laren Vale, dessen Weinberge von ihrer Lage in der Nähe des Ozeans profitieren. Die kühlen Meereswinde sorgen dafür, dass die sommerlichen Temperaturen auf ein erträgliches Maß herabsinken. Es werden körperreiche, aromatische Rot- und fruchtbetonte Weißweine produziert.

Zwischen Adelaide und Melbourne liegt eine der Pilgerstätten für Weinliebhaber: Coonawarra mit seinen weltberühmten roten Ton-Kalkstein-Böden, der „terra rossa“, die sich ausdrucksstark in den dortigen Cabernet Sauvignon und Shiraz widerspiegelt. Ebenfalls bekannt ist das Clare Valley, nordwestlich von Adelaide. Hier finden Rieslingtrauben optimale Bedingungen auf kalkhaltigem Untergrund. Auch in den Adelaide Hills gedeihen aufgrund des kühleren Klimas Trauben für hervorragende Weißweine.

VICTORIA

Weine aus dem Bundesstaat Victoria sind auf der ganzen Welt bekannt. Nur einen Katzensprung von Melbourne entfernt befindet sich die Mornington Peninsula. Das Klima auf der Halbinsel ist maritim, und die Winzer haben Pinot noir und Chardonnay zu ihren favorisierten Rebsorten erkoren. Das Yarra Valley ist für die Produktion hervorragender Pinot noirs und Schaumweine berühmt. Ihnen kommt das gemäßigte Klima im Tal zugute.

WESTAUSTRALIEN

Zahlreiche weltberühmte Weingüter haben Margaret River zu einem der beliebtesten Reiseziele für Weinkenner in Western Australia gemacht. Es liegt rund 200 Kilometer von der Stadt Perth entfernt, und es gedeihen heute nicht nur weiße Rebsorten, die hier zunächst angepflanzt wurden. Die Gegend hat sich auch mit ihren herausragenden Rotweinen einen Namen gemacht. Die älteste Weinregion in Westaustralien ist das nördlich von Perth am Swan River gelegene Swan Valley, wo Chenin blanc, Verdelho, Chardonnay und Shiraz ihr Zuhause haben.

NEW SOUTH WALES

Das Hunter Valley in New South Wales ist das älteste Weinanbaugebiet Australiens. Es befindet sich etwa 160 Kilometer nördlich von Sydney. Das Klima scheint für die Kultivierung von Reben auf den ersten Blick eher ungeeignet, da es oftmals unerträglich heiß ist. Doch ein recht hoher Anteil an Luftfeuchtigkeit, die regelmäßig aufziehende Wolkendecke in der zweiten Tageshälfte und ausreichend Niederschläge während der Vegetationsphase lassen das Projekt Weinbau seit fast 200 Jahren nicht scheitern.

NEUSEELAND

Im Land der „langen weißen Wolke", als das Neuseeland gern bezeichnet wird, wurden 1819 die ersten Reben angepflanzt, doch auch hier dauerte es noch Jahrzehnte, bis europäische Siedler ihre Weinstöcke und ihr Know-how mit ins Land brachten und damit die eigentliche Basis für den Weinbau schufen. Diese erfahrenen Weinbauern wussten den Einfluss des Pazifiks, seiner kräftigen Westwinde und der ausreichenden Niederschläge zu nutzen und kultivierten die Reben zunächst auf der Nordinsel. Erst vor rund 40 Jahren wagte das Unternehmen Montana den Schritt auf die klimatisch etwas kühlere Südinsel. Im Laufe weniger Jahrzehnte wurde in allen Anbaugebieten des Landes erfolgreich in Weinberge und Kellertechniken investiert, die Qualität der Weine stieg zusehends an, und der Export vervielfachte sich innerhalb kürzester Zeit. Das Potenzial des Klimas und der Böden blieb auch europäischen Spitzenwinzern nicht verborgen, und so mancher hat sich mit einem Weingut in Neuseeland ein zweites Standbein geschaffen. Da sich Neuseeland auf der Südhalbkugel befindet, können sich die Erzeuger während der Winterzeit in Europa voll und ganz auf die Weinbergspflege und Lese in Neuseeland konzentrieren.

Neuseelands Weine sind heute bekannt für ihren ausgeprägten Charakter und Stil. Vor allem verfügen sie über deutlich mehr Eleganz als viele andere Weine der Neuen Welt. Begonnen hat ihr Aufstieg mit der weißen Sorte Sauvignon blanc, die nach wie vor die mit Abstand wichtigste Rebsorte des Landes ist. Vor etwa 25 Jahren sorgte der nach einer Bucht in Marlborough County im Nordosten der Südinsel benannte reinsortige Sauvignon blanc „Cloudy Bay“ mit seiner unglaublichen Frische und den intensiven Aromen von Gras, Stachelbeeren und Melone weltweit für Furore. Noch heute gilt er bei vielen Weinmachern und Genießern als Musterbeispiel eines Sauvignon blanc. Sein Renommee hat zur Entstehung einer regelrechten Sauvignon-blanc-Industrie geführt, die ausschließlich Weine dieses Stils produziert hat. Die wichtigste rote Sorte Neuseelands ist Pinot noir, die weniger aufgrund ihrer Produktionsmenge als vielmehr aufgrund ihrer Qualität auf sich aufmerksam macht.

Sauvignon blanc, Pinot noir und auch Chardonnay bestimmen zwar das Weingeschehen auf den beiden Inseln, doch sind seit einigen Jahren auch Merlot, Syrah, Cabernet Sauvignon, Pinot gris und Gewürztraminer im Kommen.

Die Rotweine, die auf Waiheke Island – einer im Nordteil vor Auckland liegenden Insel – wachsen, zählen für viele Liebhaber schwerer Roter zu den Großen des Landes. Südwestlich von Gisborne erstreckt sich mit der Hawkes Bay eine der ältesten Weinbauregionen Neuseelands, zudem die zweitgrößte. Das Klima ist vom nahen Meer beeinflusst, und es weht stets eine kühle Brise, sodass die Reben langsam ausreifen können. Die Region zählt zu den wärmsten, trockensten Gegenden Neuseelands und hat sich zum führenden Rotwein-Produzenten des Landes gemausert. Die Winzer bringen bemerkenswerte Weine aus Cabernet Sauvignon, Merlot oder Shiraz hervor. Doch auch mancher Weißwein konnte auf internationalem Terrain Boden gutmachen.

Marlborough auf der Südinsel wird heute als größtes Weinanbaugebiet Neuseelands gehandelt und gilt als Geburtsort des weltbekannten, Neuseeland-typischen Sauvignon blanc. Die Region hat mit die längste Sonnenscheindauer des Landes. Das wahrscheinlich südlichste Anbaugebiet der Welt, Central Otago, galt hingegen lange Zeit nur experimentierfreudigen Winzern vorbehalten. Hier sind die Sommer kurz, und den Reben bleibt wenig Zeit zur Reife. Heute ist der Anbau von Pinot-noir-Trauben auf den Böden alpinen Ursprungs jedoch zu einem guten Business geworden und die Region berühmt für ihre ausgezeichneten Weine.

ARGENTINIEN, CHILE

ARGENTINIEN

Argentinien zählt zwar zu den größten Weinproduzenten weltweit, doch taten sich seine Produkte lange Zeit schwer, auf dem internationalen Markt Fuß zu fassen. Seit der Zeit der spanischen Konquistadoren im 16. Jahrhundert wird im Andenstaat Wein angebaut, doch der Exportgedanke ist erst Ende des letzten Jahrhunderts in den Fokus der Weinerzeuger gerückt. Premiumwinzern ist es mittlerweile gelungen, ihre Weine in Richtung eines fruchtbetonten und eleganten Stils zu modernisieren, ohne die eigene Note zu verlieren.

Zu den wichtigsten Anbaugebieten Argentiniens zählen Mendoza, Salta, La Rioja, San Juan und Neuquén/Rio Negro. Hier existieren ideale Anbaubedingungen für internationale Traubensorten wie Cabernet Sauvignon, Merlot, Syrah, Barbera, Sangiovese und vor allem Malbec, die weltweit die besten Ergebnisse in Mendoza erzielt und fast als heimische Traubensorte gehandelt wird. Bei den weißen Trauben bestimmen Chardonnay, Sauvignon blanc, Chenin blanc und Torrontés das Bild. Letztere wird heute nur noch in Argentinien angebaut und bringt würzige, leichte Weine hervor.

CHILE

In Chile herrscht fast mediterranes Klima. Das Land gilt als die älteste Weinbauregion der südlichen Erdhalbkugel, hat sich allerdings ebenfalls erst in den vergangenen Jahren dem internationalen Markt geöffnet. Hier gibt es durchaus Parallelen zum Nachbarland Argentinien, doch ist es chilenischen Erzeugern früher gelungen, ihre Weinwirtschaft anzukurbeln. Der Aufschwung begann Ende des 20. Jahrhunderts. Damals waren die meisten chilenischen Rotweine müde und alt, die Weißen dünn und nichtssagend. Die Winzer hatten ihre Weinberge vernachlässigt, und Massenweine überschwemmten das Land. Visionären Erzeugern aus dem In- und Ausland ist es zu verdanken, dass ein Umdenkprozess einsetzte. Geld für Investitionen floss, und auch das Know-how erfahrener Önologen führte zur Wende. Man besann sich auf die Anpflanzung internationaler Sorten wie Cabernet Sauvignon, Merlot, Chardonnay und Sauvignon blanc und schuf für den Export frische Weiße und fruchtige Rote, die nichts mehr mit den Weinen von einst gemeinsam hatten. Weil es bereits in den 1990er-Jahren bei den europäischen Weinen zu enormen Preisanstiegen gekommen war, suchten Importeure und Verbraucher nach geeigneten Alternativen. Das war die Stunde chilenischer Weine auf dem europäischen Markt, die sich durch ihr gutes Preis-Leistungs-Verhältnis schnell einen Namen gemacht hatten.

VALPARAÍSO
Santiago
SAN FERNANDO
CHILLÁN
SANTA ROSA
Buenos Aires
FEUERLAND

BRASILIEN, URUGUAY

BRASILIEN

Wein aus Brasilien gilt bei manchen Genießern bis heute noch als Geheimtipp. Italienischen Einwanderern ist es zu verdanken, dass sich Weinbau in Brasilien etablieren konnte, nachdem die Portugiesen im 16. Jahrhundert die ersten Rebstöcke mit nach Südamerika gebracht hatten. Heute ist das Vale do Vinhedos, das „Tal der Weingüter“, das größte brasilianische Weinanbaugebiet mit zertifizierter Herkunftsbezeichnung, und einige der hier erzeugten Weine konnten bereits international überzeugen. Die Trauben gedeihen inmitten einer leicht hügeligen Landschaft auf 450 bis 650 Metern über dem Meeresspiegel, und das Klima ist eher kontinental. Angebaut werden in erster Linie Rotweinsorten, wobei Merlot, Cabernet Sauvignon und Pinot noir die Hauptrolle spielen. Bei den Weißen gilt das Hauptaugenmerk Chardonnay, Muskateller, Sauvignon blanc und Gewürztraminer. Spezialität im südlichen Bundesstaat Santa Catarina ist Eiswein, dessen Trauben in extremen Höhenlagen wachsen. Eine Besonderheit stellt das Weinbaugebiet im Tal des Rio São Francisco dar. Es liegt auf dem 8. Breitengrad und ist somit das einzige Weinbaugebiet auf der Welt, das sich so nah am Äquator befindet. Aufgrund der klimatischen Gegebenheiten sind mindestens zwei Traubenernten pro Jahr möglich.

URUGUAY

Der Weinbau in Uruguay begann um 1870, als Einwanderer aus Italien und dem französischen Baskenland die ersten größeren Weinberge anlegten. Heute gilt Uruguay unter Insidern als das Land, das die elegantesten Roten Südamerikas produzieren kann. Über die Hälfte aller Rebanlagen befinden sich im Süden am Mündungsgebiet des Rio de la Plata rund um die Hauptstadt Montevideo. Die restlichen Weinberge sind über das ganze Land verteilt. Das Klima ist relativ feucht und wird vom Atlantik beeinflusst. Warme Sommer und ausreichende Niederschläge bilden eine gute Basis für den Anbau von Trauben. Wichtigste Rebsorte ist Tannat. Die bedeutsamsten Weißen sind Ugni blanc, Chardonnay oder Sauvignon blanc. Bis Mitte der 1990er-Jahre galt Weinexport noch als Fremdwort, die Einwohner Uruguays tranken die wenigen produzierten Mengen im eigenen Land. Als der Weinkonsum jedoch ins Stocken geriet, mussten sich die Erzeuger um neue Absatzquellen bemühen. Weil sie diese nicht mit ihren einfachen Qualitäten bedienen konnten, passten sie ihre Weinerzeugung internationalen Standards an. Die eingeführten modernen Methoden in Weinberg und im Keller sowie die reduzierten Erträgen haben schließlich dazu geführt, dass Uruguays Vorzeigesorte Tannat heute beachtliche Weine hervorbringt.

Brasilia
São Francisco
Paraná
Uruguay
RIO DE JANEIRO
SAO PAULO
SALTO
PAYSANDÚ
Río Negro
Montevideo

SÜDAFRIKA

Olifants
Touws
Kapstadt
Breede
Gouritz
KAP DER GUTEN HOFFNUNG

Die Weinbautradition Südafrikas geht auf das Jahr 1652 zurück, als die ersten Europäer südafrikanischen Boden betraten. Das Ende der Apartheid im Jahr 1991 brachte dem Land und dem Weinbau am Kap den so dringend benötigten Aufschwung. Die damit verbundene Beendigung der Handelssanktionen ließen die Weinerzeuger Richtung Export schielen: Innerhalb kurzer Zeit wurden alte Rebberge gerodet und mit internationalen Sorten wie Cabernet Sauvignon, Merlot und Shiraz bestockt. Investoren aus dem Ausland steckten erhebliche Summen in moderne Kellertechnik, und Weine aus Stellenbosch oder Paarl waren plötzlich gefragt wie nie zuvor. Gleichzeitig stieg die Anbaufläche der Rotweinsorten rasant in die Höhe.

Zum „Rising Star“ unter den Roten wurde die Rebsorte Pinotage, eine Kreuzung aus Cinsault und Pinot noir, die 1925 von Professor Abraham Perold an der Universität von Stellenbosch gezüchtet worden war. Ihre Weine feierten rund um den Globus Erfolge und bewahren der Kap-Region bis heute ein großes Stück Eigenständigkeit, da in vielen anderen Ländern der Neuen Welt die Konzentration eher auf internationalen Rebsorten liegt. Kennzeichen ausdrucksstarker Pinotage-Weine sind ihre dunkelrote Farbe, die intensiven Aromen von Pflaumen oder Brombeeren, von Wildkräutern oder Zimt und die weichen Gerbstoffe. Die besten Pinotage stammen in der Regel von nicht bewässerten alten Reben und aus geringen Erträgen.

Auch internationale Weißweinsorten wie Chardonnay und Sauvignon blanc hielten Einzug in die Weinberge am Kap. Vor allem in den kühleren, küstennahen Regionen werden diese Weine sowohl im Tank als auch im Holzfass ausgebaut. Trotz der Hitze haben viele südafrikanische Weine mehr Säure als vermutet. Das liegt vor allem an den kühlen Strömungen, die von der Antarktis kommen. Sie sorgen für ein gemäßigtes Weinbauklima.

Die meisten Rebflächen befinden sich in der Provinz Western Cape, in einem Umkreis von rund 200 Kilometern rund um Kapstadt. Hier wachsen auch die besten Trauben des Landes. Die übrigen Rebzeilen liegen verteilt zwischen Indischem Ozean und Atlantik. Entsprechend des Weinursprungssystems (Wine of Origin) teilen sich die Anbauzonen am Kap in amtlich vermessene Regionen, Distrikte und Bezirke auf. Man unterscheidet fünf Hauptregionen: Breede River Valley, Cape South Coast, Coastal Region, Little Karoo und Olifants River. Diese gliedern sich wiederum in 22 Distrikte („districts“), die sich ihrerseits auf derzeit über 60 kleinere Bezirke („wards) ausdehnen.

CONSTANTIA

Das Klima im kleinsten Anbaubezirk des Landes ist von atlantischen Einflüssen geprägt, die Luftfeuchtigkeit ist hoch, die Temperaturen sind eher gemäßigt. Sauvignon blanc und Chardonnay, Cabernet Sauvignon und Pinotage lieben die Böden aus verwittertem Granit und Sandstein unterhalb des Constantiabergs. In Constantia steht zudem das berühmteste und älteste Weingut des Landes, „Groot Constantia". Das spektakulärste Wein-Comeback am Kap hat der „Vin de Constance" gelandet, der seit 1986 wieder auf dem Gut „Klein Constantia" erzeugt wird. Er genoss bereits zu Napoleons Zeiten Weltruf, war jedoch lange Zeit in Vergessenheit geraten. Heute zählt er wieder zu den wohl berühmtesten Weinen der Kap-Region.

PAARL

Etwa 50 Kilometer nordöstlich von Kapstadt befindet sich das sehenswerte Städtchen Paarl, das dem ganzen Distrikt seinen Namen gab. Die „Perle" ist das zweitgrößte Anbaugebiet des Landes und bekannt für ein umfangreiches Rebsortenspektrum. Das beste Potenzial besitzen Cabernet Sauvignon, Pinotage, Shiraz, Chardonnay und Chenin blanc. Die Region ist mit Durchschnittstemperaturen von 21 Grad Celsius vor allem für den Rotweinanbau geeignet. Gute Weiße gibt es ausschließlich aus den höheren, kühleren Lagen. Die Bodenstruktur reicht von Granit bis hin zu sandigem Untergrund. Da es in den Sommermonaten wenig regnet, werden fast alle Weinberge künstlich bewässert.

ROBERTSON

Robertson ist für hochwertige Weine bekannt. Verantwortlich hierfür sind auch die kalkreichen Böden im „Tal der Reben und Rosen", die eine ideale Grundlage für den Weinbau schaffen. Der Distrikt befindet sich im Tal des Breede River, der für die Bewässerung der Rebzeilen sorgt. Obwohl es im Sommer recht warm werden kann, leiten kühlende Südwestwinde ausreichend feuchte Luft in die Weinberge. Seit jeher ist Robertson für seine Chardonnays bekannt, doch stammen einige der besten Shiraz und Cabernet Sauvignon des Landes von hier. Nicht zu unterschätzen sind auch die charakteristischen Dessertweine.

STELLENBOSCH

Südafrikas Vorzeige-Weindistrikt, der ebenfalls zu den ältesten des Landes zählt, ist mit seiner gleichnamigen Stadt auch ein bedeutender Publikumsmagnet. Zudem beherbergt Stellenbosch wichtige Weinforschungsstätten und Kontrollbehörden. Das Herz der Winzer schlägt für rote Sorten, doch auch weiße gedeihen prächtig – dies vor allem in den höheren Lagen, die vom Wind gekühlt werden. International bekannt sind vor allem die kräftigen und tanninreichen Rotweine aus Cabernet Sauvignon und Merlot und reinsortige Pinotage oder Shiraz.

USA KANADA

Yukon
Churchill
CALGARY
VANCOUVER
Ottawa

SEATTLE
Mississippi
NEW YORK
Washington, D.C.
SAN FRANCISCO
LOS ANGELES
HOLLYWOOD

USA

Die Anfänge des nordamerikanischen Weinbaus reichen bis in das 16. Jahrhundert zurück. 1562 legten hugenottische Einwanderer in der Nähe von Jacksonville in Florida die ersten Rebzeilen an. Die verwendeten Wildreben waren jedoch für die Weinerzeugung ungeeignet und wiesen den für Wildreben bekannten „Fox-Ton“ auf, der sie mehr oder weniger ungenießbar machte. Erst ungefähr 200 Jahre später gelangen an der Westküste erste Erfolge mit Edelreben. Im Jahr 1769 führte Junipero Serra, ein Franziskaner-Pater aus Mexiko, Siedler aus seiner Heimat in die Gegend des heutigen San Diego und bepflanzte einen Weinberg, aus dessen Trauben ein süßer Messwein gekeltert wurde. Der Goldrausch Mitte des 19. Jahrhunderts veränderte den nördlichen Teil Kaliforniens erheblich. Siedler aus Europa kamen ins Land und brachten ihr weinbauliches Wissen und europäische Rebsetzlinge mit in den Westen, die erste brauchbare Ergebnisse lieferten. Durch die Fertigstellung der Bahnlinie, die Ost und West miteinander verband, wurden kalifornische Weine schließlich auch im Osten des Landes bekannt und verbreiteten sich rasch.

Einen herben Rückschlag erlitt die amerikanische Weinbranche durch das Auftreten der Reblaus und wenige Jahre später durch die Prohibition im Jahr 1919. Erlaubt waren alkoholische Produkte von da an nur noch für medizinische Zwecke oder als Messwein. Bis zum Ende der Prohibition im Jahr 1933 wurden fast alle Weinberge gerodet und mit Tafeltrauben bepflanzt. Es sollte schließlich noch bis in die zweite Hälfte des 20. Jahrhunderts dauern, bis die Weinwirtschaft wieder in Gang kam. Sie entwickelte sich vor allem von Kalifornien aus Richtung Norden und Osten.

Im Jahr 1983 wurde das Appellations-System AVA („American Viticultural Area“) für alle weinbautreibenden Staaten der USA eingeführt. Heute existieren über 100 AVAs in Kalifornien und rund 100 AVAs in den übrigen Staaten, mit weiterhin steigender Tendenz.

Seit einigen Jahrzehnten gehören die USA zu den bedeutendsten Weinbauländern der Welt. Dies haben sich auch Weinproduzenten aus Europa und vielen anderen Ländern zunutze gemacht und sich an amerikanischen Weingütern beteiligt oder dort eigene Betriebe gegründet.

KALIFORNIEN

In den vergangenen Jahrzehnten erlebte der Weinbau an der Westküste der USA einen beispiellosen Boom. Heute wachsen in einem Küstenband zwischen Mendocino im Norden und Los Angeles im Süden Chardonnay, Cabernet Sauvignon, Sauvignon blanc, Pinot noir, Merlot und Syrah-Trauben, die den „Sunny State“ zum Weinland Nr. 1 in Amerika gemacht haben. Die Nähe zum Pazifik mit seinen kühlenden Winden und morgendlichen Nebeln schaffen in der heißen Weinregion ideale Bedingungen für die Kultivierung von Weinreben. Wo Licht ist, gibt es allerdings auch viel Schatten. So stammen zwar einige der besten Weine der USA aus der rund 1300 Kilometer langen Küstenregion, doch spiegelt deren Größe gleichzeitig auch die Vielfalt der Klimazonen und Böden wider, die sich hier finden. Aus den heißen Gebieten stammten über lange Zeit hinweg unsagbar viele breite, marmeladige, schwere Rote und holzüberladene Weiße, die europäischen Zungen nicht immer Spaß bereiteten. Heute gilt den gemäßigten Klimazonen die Zukunft des kalifornischen Weinbaus.

Kalifornien ist in über 100 verschiedene Ursprungsgebiete (AVAs) eingeteilt, zu den bekanntesten gehören beispielsweise das Napa Valley und Sonoma County mit ihren jeweiligen Unterregionen.

Das Napa Valley nordöstlich von San Francisco gilt als Zentrum des kalifornischen Weinbaus. 1981 wurde das Tal als Erstes in Kalifornien zu einer AVA erklärt. Es hatte bereits seit den 1970er-Jahren einen kometenhaften Aufstieg erlebt, und die wenigen Winzer, die es damals gab, gehörten innerhalb kürzester Zeit zur Weltspitze. Sie hatten sich Maßnahmen wie Ertragsreduzierung, Temperaturkontrolle, malolaktische Gärung und Barrique-Ausbau auf die Fahnen geschrieben und konnten dadurch mit ihren europäischen Kollegen konkurrieren. Die Bodenstrukturen variieren im Napa Valley ebenso deutlich wie das Klima, und die Erzeuger haben miteinander harmonierende Rebsorten angepflanzt, die eine große Vielfalt unterschiedlichster Weintypen auf engstem Raum entstehen ließen. Zu den am meisten angepflanzten Traubensorten zählen jedoch Chardonnay und Cabernet Sauvignon, weiterhin finden sich Merlot, Pinot noir, Sauvignon blanc, Zinfandel und Cabernet Franc.

Im Schatten des Nachbarn Napa stand lange Zeit das Sonoma County, das sich ebenso durch eine große Vielfalt an Weintypen auszeichnet. Leit-Rebsorten bei den Weißen sind Chardonnay und Sauvignon blanc, bei den Roten Cabernet Sauvignon, Pinot noir, Merlot und Zinfandel.

WASHINGTON STATE

Die Anbaugebiete von Washington State im Nordwesten der Vereinigten Staaten sind tagsüber wüstenheiß und in der Nacht bitterkalt. Sie bieten aus diesem Grund gute Voraussetzungen für die Kultivierung von Riesling-Trauben, die große Temperaturschwankungen schätzen.

Nach Kalifornien ist Washington State der zweitgrößte Weinproduzent der USA. Gerade mal so groß wie das Stadtgebiet von Nürnberg, werden auf ca. 18 000 Hektar Reben angebaut. Der Bundesstaat ist unterteilt in 13 AVAs. Die wichtigsten sind Columbia Valley, Yakima Valley, Wahluke Slope, Red Mountain, Rattlesnake Hills, Walla Walla Valley, Horse Heaven Hills, Snipes Mountain und Lake Chelan. Die Landschaften der verschiedenen Regionen könnten unterschiedlicher nicht sein und reichen von Wüste oder Steppe bis hin zu Getreide- und Obstlandschaften. Ohne Bewässerung läuft fast gar nichts. Jeder Zentimeter kultiviertes Land ist der Wüste abgerungen. Das Wasser hierfür kommt meist aus dem Columbia oder dem Yakima River. Westlich der Cascade Mountains, rund um die Stadt Seattle, findet man die AVA Pudget Sound – eine Region mit ausreichendem Regen, sodass hier auf künstliche Bewässerung verzichtet werden kann.

Weinbau gibt es in Washington State seit etwa 1825, richtig begonnen hat er jedoch erst in den 1960er-Jahren. Seitdem steigt die Zahl der Weingüter: Im Jahr 1981 waren es erst 19, und 2013 sind es schon 750 Betriebe.

Nach Chardonnay ist Riesling die am häufigsten angebaute Weißweinsorte – auch deutsche Winzer haben das dortige Potenzial erkannt und unterstützen ortsansässige Kollegen mit ihrem Know-how. Sauvignon blanc, Traminer, Viognier und Grauburgunder ergänzen das weiße Sortiment. Cabernet Sauvignon, Merlot, Syrah, Malbec und Cabernet Franc stehen bei den Roten an erster Stelle. Vor allem die eleganten Bordeaux Blend oder die tiefgründigen Syrah wissen zu begeistern. Durch die großen Temperaturschwankungen und die mineralischen Böden besitzen die Weine eine intensive Frucht, eine kernige Struktur und eine feine Säure – nicht zu Unrecht bezeichnen die Winzer sie als „New World Wine with Old World Style“. Die besten Weine haben durchaus Lagerpotenzial. Wer zudem eine Schwäche für Süßweine hat, erfreut sich an feinen Eisweinen oder raren Beerenauslesen.

OREGON

Angelockt durch Berichte von sagenhaften Goldfunden, kamen ab Mitte des 19. Jahrhunderts scharenweise Einwanderer über den sogenannten „Oregon Trail“ in den Nordwesten Nordamerikas, darunter viele Europäer. Vor allem den Nordeuropäern schien die Landschaft hier sehr vertraut. Zwischen der Küste und den Cascade Mountains erinnert sie mit ihrem Wechsel aus sanft geschwungenen Wiesen und Wäldern, Bächen, Flüssen und Seen stark an das nordeuropäische Festland. Umso erstaunlicher, dass die Siedler auf die Idee kamen, in diesem regenreichen Klima Reben anzubauen. Ernst zu nehmende Ergebnisse stammen auch erst aus den 1960er-Jahren. Am besten gedeihen Pinot-noir-Reben, die etwa die Hälfte der Rebfläche Oregons ausmachen. Sie bringen zartfruchtige, elegante Rote hervor, die in ihrer Art eher an burgundische Erzeugnisse erinnern als an kalifornische. Angespornt von den Ergebnissen ihrer Nachbarn, zog es von da an immer mehr kalifornische Winzer nach Norden, um sich mit der edelsten aller roten Rebsorten zu beschäftigen. Neben Pinot noir finden wir heute auch Chardonnay, Gewürztraminer oder Cabernet Sauvignon im Sortenspektrum.

KANADA

Kanadische Winzer beschäftigen sich seit etwa 200 Jahren mit der Kultivierung von Weintrauben. Die Anbaugebiete verteilen sich auf die vier Provinzen Nova Scotia, Québec, Ontario und British Columbia. Das Klima zeichnet sich hier durch kontinentale Kälte im Winter, unbeständiges Wetter im zeitigen Frühjahr, warme bis heiße Sommer und einen langen und trockenen Herbst aus. Die Durchschnittstemperatur von April bis Oktober liegt bei 16 Grad Celsius und ist vergleichbar mit den deutschen Anbaugebieten sowie der Champagne, Chablis und Burgund. Allerdings gibt es in Kanada über das Jahr gesehen mehr Sonnenscheinstunden.

Die Niagara Peninsula in Ontario und das Okanagan Valley in British Columbia haben sich zu den größten Anbaugebieten entwickelt. Es werden verstärkt Weißweintrauben angebaut, der Trend geht jedoch in Richtung Rotwein. Kanada gilt nach eigenen Angaben als weltweit größter Produzent von „Icewine", dem traditionellen Eiswein. Die ersten Eisweine wurden Ende des 18. Jahrhunderts aus Apfelwein erzeugt, den man im Winter draußen gefrieren ließ und dessen Eis später abgeschöpft wurde. Heute handelt es sich bei „Icewine" um Süßweine, die aus den am Rebstock gefrorenen Trauben hergestellt werden. Im gefrorenen Zustand werden sie gepresst, und es entsteht ein süßer, konzentrierter und hoch aromatischer Wein. Kanada eignet sich perfekt für den Ausbau von Eisweinen, da jedes Jahr zwischen Dezember und Februar Temperaturen von minus 8 bis minus 13 Grad Celsius gemessen werden.

Das Sortenspektrum umfasst klassische Rebsorten wie Chardonnay, Chenin blanc, Gewürztraminer, Pinot blanc, Pinot gris, Riesling, Sauvignon blanc, Semillon und Viognier bei den Weißen sowie Cabernet Franc, Cabernet Sauvignon, Gamay, Merlot, Pinot noir und Syrah bei den Roten. Darüber hinaus existieren heimische Rebsorten wie Vidal, die neben Riesling auch für Eiswein verwendet wird.

Weine aus Ontario und British Columbia werden nach den strengen Qualitätsstandards der Vintners Quality Alliance (VQA) produziert. Diese lehnt sich an die französischen und italienischen Qualitätssysteme AOC und DOC an.

WEIN VIEL FALT

W

„Wein ist ein alkoholisches Getränk, das ausschließlich durch vollständige oder teilweise alkoholische Gärung der frischen, auch eingemaischten Weintrauben oder des Traubenmosts gewonnen wird." Soweit die offizielle Definition im Weinrecht. Darüber hinaus ist Wein ein Getränk mit mehr oder weniger Alkohol, mehr oder weniger Zucker, in Weiß, Rot oder Rosé, prickelnd oder still, aus einer Rebsorte oder auch aus mehreren als Cuvée. Es gibt ihn jung oder gereift, man trinkt ihn vor, nach, zum Essen oder auch ganz ohne, in großer Gruppe, zu zweit oder ganz für sich alleine, zum festlichen Anlass oder einfach so. Die Vielfalt, die dieses Getränk bietet, ist unübertroffen.

Die Weinbereitung ist ein sehr komplexes Thema, das ganze Bücher füllen kann. Soweit wollen wir hier aber gar nicht gehen und stellen nur einige grundsätzlichen Dinge in aller Kürze vor: Bei der Gärung entsteht aus dem Zucker der Trauben zusammen mit eigener oder zugesetzter Hefe nach und nach Alkohol und Kohlensäure. Beim Stillwein vergärt der Zucker ganz oder teilweise, dadurch wird der Wein später trocken oder restsüß sein. Während der Gärung entweicht die Kohlensäure und zurück bleibt der stille Wein. Dieser wird dann von der abgelagerten Hefe getrennt und reift anschließend kürzer oder länger im dafür geeigneten Behältnis. Dabei entscheidet der Ausbau im Edelstahltank, im neuen oder gebrauchten Holzfass unterschiedlicher Größe, zuweilen auch in Betongebinden über den späteren Stil des Weins. Ist der Ausbau beendet, wird der Wein in Flaschen abgefüllt.

WEISSWEINHERSTELLUNG

Weißwein ist Wein aus weißen Trauben. Die Herstellung erfolgt durch Vergärung des Traubenmosts. Klingt fast banal, doch im Detail existieren zahlreiche Varianten beim Ausbau, die geschmacksprägend sind. Unmittelbar nach dem Ernten werden die Trauben zum Weingut transportiert, um innerhalb kurzer Zeit weiter verarbeitet werden zu können. Zunächst muss der Wein gekeltert werden. Dafür gibt es zwei Methoden: Manche Erzeuger geben ihre Trauben in die Abbeermaschine, die sie von den Stielen befreit. In der Fachsprache nennt man diesen Vorgang auch Entrappen. Bei der Ganztraubenpressung werden die Trauben hingegen mit Stielen gepresst. Dieses Verfahren ist schonender, weil die Traubenhaut erst während des Pressvorgangs aufplatzt. Je nach Rebsorte, Reifegrad und Gesundheitszustand des Leseguts wird der Druck beim Pressen dosiert und gesteuert. Qualitätsbewusste Erzeuger verwenden nur den von selbst ablaufenden Vorlaufmost für ihre hochwertigen Produkte. Der letzte, gerbstoff- und säurebetonte Presswein bleibt dann einfachen Qualitäten vorbehalten. Da der frische Most von den Traubenbestandteilen getrübt ist, werden die Trubstoffe vor der Gärung entfernt. Dies geschieht durch einen Separator oder – weitaus schonender – durch langsames Absetzen der Schwebeteilchen.

Sobald der Most gekeltert ist, wird er in einen Gärbehälter gefüllt. Jetzt beginnen die Hefen ihre Arbeit und verwandeln den Fruchtzucker in Alkohol. Reichen die im Most vorhandenen Hefen nicht aus, um eine Gärung herbeizuführen, werden Reinzuchthefen zugesetzt. Diese sind im Vergleich zu den sogenannten wilden Hefen berechenbarer und vermindern das Risiko, dass der Most nicht angärt, dass die Gärung unterbrochen wird oder der Wein unangenehme Nebentöne annimmt. Das Tempo der Gärung hängt maßgeblich von der Temperatur im Keller bzw. im Gärbehälter ab: Je höher die Temperatur ist, umso schneller verläuft die Gärung. Je kühler vergoren wird, desto länger dauert der Vorgang. Zuweilen wird der Gärprozess eines Weißweins durch eine gesteuerte Kühlung beeinflusst. Die niedrigen Temperaturen machen die Hefen träge und führen zu einer verlangsamten Gärung. Das Resultat sind frische, reintönige Weine mit fruchtbetonten Aromen.

Ein frischer, spritziger Wein kommt in Edelstahltanks und wird von dort aus auf Flaschen gezogen. Einem vollmundigen Tropfen gönnt man die Lagerung in großen Holzfässern oder Barriques, wo er seiner Vollendung entgegenreift. Ist der Ausbau vollendet, wird der Wein filtriert und abgefüllt.

ROTWEINHERSTELLUNG

Rotwein wird aus roten beziehungsweise blauen Trauben gemacht. Der Saft aus diesen Trauben ist zunächst weiß, denn die Farbe sitzt bei den meisten Rebsorten ausschließlich in den Schalen. Während des Einmaischens lösen sich die Farbpigmente durch die Erwärmung und den entstehenden Alkohol aus den Beerenhäuten. Der Most färbt sich allmählich rot. Zu den Grundregeln einer klassischen Rotwein-Vinifizierung gehören das Entfernen der Stiele und das schonende Quetschen der Trauben. Dadurch platzt die Beerenhaut auf und Fruchtsaft tritt aus. Diesen Brei aus Saft, Fruchtfleisch und Beeren nennt man Maische. Im Gärbehälter angekommen, beginnen die Hefen wie bei den Weißweinen mit der Gärung. Der Prozess lässt Wärme entstehen, die dazu führt, dass die Beerenhäute nach oben steigen. Sie bilden den sogenannten Tresterhut. Er wird in regelmäßigen Abständen in den Most gedrückt, oder der Most wird aus dem unteren Teil des Behälters gepumpt und über den Tresterhut gespült. Parallel zur alkoholischen Gärung vollzieht sich auf diese Weise in der Maische die Extraktion von Farb- und Gerbstoffen aus den Traubenschalen, die dem weißen Traubensaft erst die rote Farbe verleihen. Die roten Farbpigmente sind schon nach kurzer Zeit extrahiert, bei den Tanninen dauert es etwas länger. Wie lange ein Rotwein auf der Maische bleibt, hängt vor allem von der Gärtemperatur ab: Je niedriger sie ist, desto langsamer gärt die Maische. Ein einfacher Rotwein bleibt in der Regel knapp eine Woche auf der Maische, ein gehaltvoller Tropfen bis zu vier Wochen. In kleineren Erntejahren, wenn die Schalen wenig Farbe und Tannine enthalten, bleibt ein Rotwein relativ kurz auf der Maische, damit nicht zu viele harte und unreife Tannine in den Wein gelangen. Neben der Maischegärung gibt es noch weitere Techniken wie die Kohlensäuremaischung oder die Erhitzung der Maische. Bei der Kohlensäuremaischung werden die unverletzten Beeren in einem sauerstofffreien Behälter gefüllt. Die Bildung von Alkohol, CO_2 und Aromastoffen geschieht nicht durch Mikroorganismen (durch Hefen und Bakterien), sondern ausschließlich durch traubeneigene Enzyme in der ganzen, unverletzten Beere. Das Ergebnis sind extrem fruchtige, aromatische Weine mit weniger ausgeprägten Tanninen. Bei der Maischeerhitzung werden farbschwache Traubensorten erhitzt, um mehr Farbstoffe zu extrahieren.

Nachdem die alkoholische Gärung beendet ist, durchlaufen die meisten Rotweine einen biologischen Säureabbau. Dabei wird die im Most enthaltene Apfelsäure durch Bakterien in die mildere Milchsäure umgewandelt. Der Säuregehalt sinkt, der Wein schmeckt weicher und voller. Dieser Prozess dauert etwa zwei bis drei Wochen. Der weitere Ausbau findet im großen Holzfass, im kleinen Barrique, im Edelstahltank oder in Betongebinden statt. In dieser Zeit, die bei einem hochwertigen und lagerfähigen Wein mehrere Jahre dauern kann, verändert sich der Wein und entwickelt seine sortentypischen Aromen.

ROSÉ

Ein Rosé wird aus roten Trauben hergestellt. Allerdings bleibt der Saft nur kurz in Kontakt mit den Schalen und dem Fruchtfleisch, sodass sich wenig Farb- und Gerbstoffe aus den Häuten lösen. Nach dieser kurzen Maischung wird der Most gepresst und wie Weißwein vergoren. Wenn deutscher Rosé nur aus einer einzigen Rebsorte gekeltert ist, geht er als Weißherbst in den Verkauf.

CHAMPAGNER & CO

Neben den klassischen Stillweinen in Weiß, Rot oder Rosé gibt es noch eine Menge anderer Produkte, die aus Traubensaft gewonnen werden. An erster Stelle Schaumweine. Zu ihnen zählen deutscher Sekt und Winzersekt, französischer Crémant sowie Champagner, spanischer Cava oder auch italienischer Spumante. Das Besondere an ihnen ist die enthaltene, prickelnde Kohlensäure. Sie entsteht bei allen Schaumweinen durch eine zweite Gärung. Hierfür wird dem stillen Grundwein nach erfolgter erster Gärung ein Gemisch aus Hefe und Zucker, die Fülldosage, zugegeben. Die Kohlensäure, die bei dieser Gärung entsteht, darf nun nicht mehr entweichen, sondern wird im Wein gehalten und sorgt später für das prickelnde Vergnügen im Mund.

Die zweite Gärung kann auf verschiedene Arten erfolgen: Bei der traditionellen Flaschengärung wird die Fülldosage mit dem Grundwein in Flaschen gefüllt, die man fast waagrecht in ein Rüttelpult steckt. Während der Gärung werden die Flaschen immer wieder gerüttelt, bis sich die Hefe als Depot am Flaschenhals absetzt und anschließend entfernt werden kann. Diesen Prozess nennt man Degorgieren. Bevor die Flaschen verkorkt werden, muss der Flüssigkeitsverlust, der beim Degorgieren entstanden ist, durch Auffüllen ausgeglichen werden. Hierfür kommt die Versanddosage zum Einsatz. Sie ist das Geheimnis der Champagner-Häuser, verleiht dem Champagner eine prägende Note und bestimmt die Geschmacksrichtung von extrem trocken bis hin zu süß. Die Dosage kann zum Beispiel aus Süßweinen oder auch aus Süßreserve des Champagner-Grundweins bestehen.

Champagner werden ausschließlich nach dem traditionellen Flaschengärverfahren hergestellt. Die Bezeichnung Champagner ist jedoch ausschließlich den Schaumweinen vorbehalten, die aus der französischen Region Champagne stammen. Beim Transvasierverfahren erfolgt die Gärung in der Flasche, wird aber danach wieder in einen Tank gepumpt und dort von der Hefe befreit. Die Großraumgärung findet inklusive Enthefung ausschließlich in Drucktanks statt und eignet sich für die Schaumweinproduktion im großen Stil.

Kohlensäure kann einem stillen Wein auch zugesetzt werden. Das geht schneller und ist weniger aufwendig als eine zweite Gärung. Weinrechtlich heißt ein solches Produkt „halbschäumender Wein", bei uns beispielsweise bekannt als Perlwein oder Frizzante. Bei diesen Produkten ist der Druck in der Flasche geringer als bei Schaumweinen.

MODEWEINE

Doch mit den Schaumweinen ist die Weinvielfalt noch lange nicht erschöpft: Es gibt auch noch die sogenannten verstärkten oder aufgespriteten Weine. Ihnen wird Alkohol zugesetzt – meist durch eine Zugabe von Weinbrand –, um den Alkoholgehalt während der Gärung zu erhöhen. Da die Hefen bei etwa 17,5 Volumenprozent Alkohol absterben, wird die Gärung gestoppt und die Süße bleibt im wein erhalten. Zu den verstärkten Weinen zählen unter anderem Madeira, Marsala, Sherry, Portwein oder auch Vin Doux Naturel. Den Weinmarkt bereichern im Herbst zudem Jungweine, die sich noch in der Gärung befinden. Wir kennen sie als „Neuen Wein", als „Federweißer", „Federroter", „Bitzler", „Sauser" oder auch als „Sturm". Sie sind trüb und süß und sollten mit Vorsicht genossen werden. Sie haben zwar noch nicht den vollen Alkoholgehalt erreicht, sind aber stark verdauungsfördernd.

Bekannt sind darüber hinaus auch weinhaltige Getränke. Diese enthalten außer Wein beispielsweise Stoffe zur Aromatisierung oder auch zur Verdünnung. Zu den weinhaltigen Getränken gehören unter anderem die spanische Sangria, der mit Kräutern und Gewürzen angereicherte Vermouth, „Sprizz“-Drinks aus orangerotem Aperitif oder Holunderblütensirup oder – ganz simpel – die Weinschorle. Nicht zu verwechseln ist letztere Gruppe mit weinähnlichen Getränken. Diese werden nicht aus dem Saft von Trauben hergestellt, sondern aus dem fruchtzuckerhaltigen Saft anderer Früchte. Zu ihnen gehören zum Beispiel Obstweine oder Met (aus Honig). Sie müssen stets den Namen der jeweiligen Frucht führen, also Kirschwein, Erdbeerwein usw.

ÖKOWEINE

Weinbau im Einklang mit der Natur ist nicht erst seit gestern ein wichtiges Thema, mit dem sich Winzer beschäftigen. Viele Erzeuger arbeiten seit Jahren mit der Natur und nicht gegen sie, um hochwertige Weine erzeugen zu können. Doch was unterscheidet diese Betriebe von denen, die sich ganz den ökologischen Gesichtspunkten verschrieben haben? Ökologisch wirtschaftende Erzeuger sehen ihre Arbeit als ganzheitliches System. Für sie gilt ein biologisch aktiver Boden als größtes Kapital und als Basis für gesunde Rebstöcke und Trauben. In ihren Weinbergen sind Kleinstlebewesen willkommen, die die natürlich vorhandenen Nährstoffe in der Erde aufbereiten. Zum Einsatz kommen lediglich organische und schwerlösliche Dünger, auf Kunstdünger verzichten sie ebenso, wie auf synthetische Spitzmittel. Das schont den wertvollen Boden und das Grundwasser, das im Naturkreislauf irgendwann wieder aus unserem heimischen Wasserhahn läuft.

Zum Schutz vor Schädlingen und Krankheiten haben Ökowinzer ihre Rebzeilen begrünt, Natursteinmauern gesetzt oder Hecken gepflanzt, die Nützlingen, wie Vögeln oder Marienkäfern einen Lebensraum bieten, die ihrerseits die Population der Schädlinge im Griff halten. Auf diese Weise entstehen vielfältige Lebensräume für Pflanzen- und Tierarten, und die Artenvielfalt wird gefördert. Die Erzeuger spritzen ihre Reben ausschließlich mit pflanzenstärkenden Extrakten, um deren Widerstandskraft auf natürliche Weise zu kräftigen, und setzen Rebsorten ein, die von Natur aus resistenter gegen Pilzerkrankungen sind. Im ökologischen Weinbau lautet die Devise generell: „Prävention statt Pestizide“.Bei der Pflanzenwahl, den eingesetzten Hefen oder anderen Produkten achten die Ökowinzer strikt darauf, dass nur Naturprodukte verwendet werden. Gentechnik ist tabu.

Lange Zeit wurden Ökowinzer und ihre Arbeitsweise belächelt, sie galten als Weltverbesserer. Ihre Erfolge haben jedoch weltweit eine Bewegung ins Rollen gebracht, die an der Wirksamkeit des ökologischen Weinbaus keine Zweifel mehr aufkommen lässt. Rund um den Globus haben sich Ökowinzer etabliert und beweisen der Fachwelt und ihren Kunden stets aufs Neue, dass ökologisch produzierte Spitzengewächse, Genuss und intakte Natur zusammen möglich sind. Dass am Ende des Tages das Naturprodukt Wein im Fokus steht, das seine

Wachstumsumstände authentisch und unbestechlich ins Glas bringt, haben inzwischen auch konventionell wirtschaftende Erzeuger eingesehen. Neben ökologisch wirtschaftenden Betrieben gibt es auch noch anthroposophisch arbeitende Erzeuger, deren Bewirtschaftung sich auf die Regeln von Rudolf Steiner stützt.

WEINETIKETTEN ENTSCHLÜSSELN –

WELCHE REBSORTE STECKT HINTER DEN WEINEN?

Wer etwas finden will, muss wissen, wonach er sucht. Eine Maxime, die uns bei all der Weinvielfalt Probleme machen kann. Zuweilen finden wir uns in einem wahren Wein-Dschungel wieder. Stellen Sie sich folgende Situation vor: Sie fachsimpeln bei einem Weindinner mit einem Weinkenner über die zu degustierenden Tropfen. Kein Ding, schließlich gibt es ja Weinetiketten, auf denen steht, was in der Flasche ist. Sie werfen einen Blick auf die Weinflaschen, und prompt erkennen Sie, dass man bei manchen Weinen gar nichts erkennt. Will heißen: Auf manchen Etiketten finden sich zwar Fantasie-, Herkunfts- oder Markennamen, aber es ist kein Hinweis auf die Traubensorte vorhanden. Schiere Ratlosigkeit ist die Folge, es sei denn, Sie wissen um das „Who is Who" in der Weinwelt. Was also verbirgt sich hinter den Namen, welche Rebsorten stehen hinter wichtigen Weinen aus Frankreich, Italien, Spanien und Übersee? In Klammern geben wir Ihnen die Region an, aus der der jeweilige Wein stammt, die Mischungsverhältnisse der genannten Cuvées sind abhängig vom Erzeuger und vom Jahrgang.

FRANKREICH

ROTWEIN

Bandol (Provence): Mourvèdre, Grenache, Cinsault

Beaujolais (Burgund): Gamay, Pinot noir

Bordeaux (Bordeaux): Cabernet Sauvignon, Cabernet Franc, Merlot, Petit Verdot, Malbec, Carmenère

Châteauneuf-du-Pape (Rhône): Grenache noir, Cinsault, Syrah (+ 10 weitere Sorten)

Côte Rôtie (Rhône): Syrah (+ kleine Anteile der weißen Sorte Viognier)

Gigondas (Rhône): Grenache noir, Syrah und andere

Graves (Bordeaux): Cabernet Sauvignon, Cabernet Franc, Merlot

Hermitage (Rhône): Syrah, Marsanne, Roussanne

La Tâche (Burgund) : Pinot noir

Richebourg (Burgund) : Pinot noir

St-Emilion (Bordeaux): Merlot, Cabernet Sauvignon, Cabernet Franc

WEISSWEIN

Bandol (Provence): Bourboulenc, Clairette, Ugni blanc

Beaujolais (Burgund): Chardonnay, Aligoté

Bordeaux sec: Sémillon, Sauvignon blanc, Muscadelle, Ugni blanc, Colombard

Chablis (Burgund): Chardonnay

Champagner (Champagne): Pinot noir, Pinot Meunier, Chardonnay

Château d'Yquem (Bordeaux) : Sémillon, Sauvignon blanc

Crémant d'Alsace (Elsass): Riesling, Pinot blanc, Pinot noir, Pinot gris, Auxerrois, Chardonnay

Hermitage (Rhône): Marsanne, Roussanne

Montrachet, Le (Burgund) : Chardonnay

Pouilly-Fumé (Loire): Sauvignon blanc

Sancerre (Loire): Sauvignon blanc

ITALIEN

ROTWEIN

Amarone (Venetien): Corvina, Rondinella, Molinara

Barbaresco (Piemont): Nebbiolo

Barbera d'Asti (Piemont): Barbera, Freisa, Grignolino

Barolo (Piemont): Nebbiolo

Chianti (Toskana): Sangiovese, Canaiolo nero

Ornellaia (Toskana): Merlot, Cabernet Sauvignon, Cabernet Franc, Petit Verdot

Sassicaia (Toskana): Cabernet Sauvignon, Cabernet Franc

Solaia (Toskana): Cabernet Sauvignon, Sangiovese, Cabernet Franc

Tignanello (Toskana): Sangiovese, Cabernet Sauvignon, Cabernet Franc

Valpolicella (Venetien): Corvina Veronese, Rondinella, Molinara

Vino Nobile di Montepulciano (Toskana): Sangiovese, Lanaiolo nero

WEISSWEIN

Asti (Piemont): Moscato

Est!Est!Est (Latium): Malvasia bianca lunga, Trebbiano toscano, Trebbiano giallo

Frascati (Latium): Malvasia bianca di Candia, Trebbiano toscano, Greco bianco, Malvasia del Lazio

Occhio di Pernice (Toskana): Prugnolo gentile

Piemonte Spumante (Piemont): Chardonnay, Pinot bianco, Pinot grigio, Pinot nero

Soave (Venetien): Garganega, Pinot bianco, Chardonnay

SPANIEN

ROTWEIN

Binissalem (Mallorca): Monato negro

Ermita, L' (Priorato): Garnacha, Cabernet Sauvignon, Cariñena

Janus (Ribera del Duero): Tempranillo

Pingus (Ribera del Duero): Tempranillo

Priorato (Katalonien): Garnacha, Cabernet Sauvignon

Ribera del Duero (Kastilien): Tempranillo

Rioja (La Rioja, Baskenland, Navarra): Tempranillo, Garnacha, Cabernet Sauvignon

Tinto Navarra (Navarra): Tempranillo, Garnacha tinta, Cabernet Sauvignon, Merlot

Unico (Ribera del Duero): Tempranillo, Cabernet Sauvignon, Malbec, Merlot, Albillo (weiß)

Valdepeñas (La Mancha): Tempranillo, Garnacha und Cabernet Sauvignon

WEISSWEIN

Cava (Katalonien): Xarel-lo, Parellada, Macabeo

Rueda blanco (Kastilien): Verdejo, Viura

AUSTRALIEN

ROTWEIN

Grange (Südaustralien): Shiraz

Hill of Grace (Südaustralien): Shiraz

Astralis (Südaustralien): Shiraz

KALIFORNIEN

ROTWEIN

Rubicon (Napa Valley): Cabernet Sauvignon, Cabernet Franc, Merlot

Opus One (Napa Valley): Cabernet Sauvignon, Cabernet Franc, Merlot, Malbec, Petit Verdot

Dominus (Napa Valley): Cabernet Sauvignon, Merlot, Cabernet Franc, Petit Verdot

REB
SOR
TEN

A

Am Anfang jedes Weins steht die Rebsorte. Sie ist der wichtigste Schlüssel zum Verständnis von Wein und beeinflusst ihn maßgeblicher als die Herkunft oder die Handschrift des Winzers.

Weltweit existieren ungefähr 10 000 verschiedene Traubensorten. Eine gigantische Auswahl, könnte man meinen. Bei genauerer Beschäftigung mit dem Thema findet man jedoch schnell heraus, dass die meisten Traubensorten für den Weinbau völlig bedeutungslos sind und sich nur wenige als Global Player etabliert haben. Diese rund 50 Sorten machen knapp 95 Prozent der gesamten Weltweinproduktion aus, Tendenz weiter steigend. Das Gros der „All-Stars" wie Cabernet Sauvignon, Merlot, Riesling & Co stammt aus der europäischen Weinwelt, wo sie sich über Jahrhunderte hinweg bewährten, bevor sie ihren Siegeszug nach Übersee angetreten haben.

Die schöne bunte Weinwelt ist das Ergebnis von Trends und Moden – und das nicht erst seit heute. Wie sonst wären Weine vor Jahrhunderten von Spanien nach Südamerika oder von Griechenland nach Italien gewandert, wenn sich das Interesse an ihren Rebsorten nicht herumgesprochen und Begehrlichkeiten geweckt hätte.

Nach wie vor machen Trends vor Rebsorten nicht halt: Sind in den letzten 200 Jahren europäische Rebsorten in Richtung Neue Welt „ausgewandert", so treten mittlerweile viele von ihnen ihren Siegeszug in die umgekehrte Richtung an und machen Weine populär, die im alten Europa längst ihren Glanz eingebüßt hatten. Bestes Beispiel ist die Chardonnay-Welle aus der Neuen Welt zu

Beginn der 1990er-Jahre, die der klassischen Rebsorte aus Burgund zu einer neuen – wenn auch nicht immer strahlenden – Popularität verholfen hat. Oder betrachten wir uns den Riesling-Boom, den wir seit einigen Jahren in den USA erleben. Er hat das Image dieser edlen Weißweintraube auch in ihrem Heimatland Deutschland kräftig aufpoliert. Und auch der Grüne Veltliner, Österreichs Rebsorten-Flaggschiff, macht in Übersee Karriere und rückt somit bei den heimischen Verbrauchern wieder stärker ins Bewusstsein.

Dennoch birgt die Globalisierung der Rebsorten zuweilen die Gefahr einer geschmacklichen Langeweile im Glas. Um der steigenden Nachfrage gerecht zu werden, kultivieren Winzer Rebsorten auch dort, wo man sie früher nie vermutet hätte. Durch die Kaltvergärung beim Weißwein können beispielsweise weiße Weine in heißen Ländern erzeugt werden, aus denen vorher nur Rotweine kamen. Ruck-zuck kann das wirtschaftliche und das geschmackliche Resultat im Glas aus dem Gleichgewicht kommen. Globalisierung hin oder her, eines steht fest: Wirklich große Weine können nur entstehen, wenn man nicht gegen die Natur arbeitet.

So viel wissen wir also schon: Die Rebsorte bestimmt primär den Charakter des Weins, seinen Geschmack und seine Art. Sie ist als prägendes Moment auch in Verkostungen am leichtesten zu bestimmen. Auch wenn Rahmenbedingungen wie Boden, Klima, Wasserversorgung und Anbaumethoden des Winzers Einfluss auf den Geschmack ausüben, wird die Rebsorte ihr grundlegendes Geschmacksbild auch bei unterschiedlichsten Wachstumsbedingungen nie ganz verleugnen.

Trauben bestehen je nach Sorte aus bis zu 90 Prozent Wasser. Die restlichen Prozente sind für das verantwortlich, was wir am Gaumen schmecken. Vor allem in der Schale, in den Kernen und Stielen stecken wichtige Inhaltsstoffe. Sie umfassen neben den Geschmacks- und Gerbstoffen auch Farbpigmente, die für die Farbe des späteren Weins ausschlaggebend sind. Wir haben für Sie eine Auswahl beliebter weißer und roter Sorten zusammengestellt.

WEISSE REBSORTEN

CHARDONNAY

Chardonnay gehört zu den bekanntesten und erfolgreichsten Rebsorten der Welt und fühlt sich scheinbar überall zu Hause, obwohl die Ansprüche der Sorte gar nicht so gering sind. Sie bevorzugt tiefgründige, warme und kalkhaltige Böden, um die besten Qualitäten zu erbringen, und reift mittelspät aus. Die Weine aus der Chardonnay-Traube werden in der Regel trocken ausgebaut, um die nervige Säure und den Sortentyp voll zum Ausdruck zu bringen. Mit ihrer frischen, fruchtigen und ausgewogenen Art sind Chardonnays von stoffigem und nachhaltigem Sortencharakter und erinnern im Duft oftmals an gelbe Früchte, grüne Äpfel, Zitrus- oder auch exotische Früchte – Letzteres, wenn die Weine

CHARDONNAY
HEIMAT: **Ihr Ursprung wird im südlichen Burgund vermutet.**
SYNONYM: **Morillon**
WICHTIGSTE ANBAUGEBIETE: **Burgund, Champagne, Neue Welt**
REIFEPOTENZIAL: **für Spitzenweine weit über 20 Jahre**

aus warmen Klimazonen kommen. Hochwertige Chardonnays eignen sich hervorragend für den Barrique-Ausbau, dieser sollte jedoch mit Bedacht eingesetzt werden, da die Rebsorte schnell vom Holz überlagert werden kann. Aufgrund ihrer Popularität findet man die unterschiedlichsten Qualitäten auf dem Markt, von ganz einfach und beinahe verwässert bis zu hin zu Spitzenweinen, die über ein Lagerpotenzial von weit über 20 Jahren verfügen.

In Burgund, wo Chardonnay die besten Qualitäten erreicht, werden die Weine nicht unter der Rebsortenbezeichnung angeboten, sondern unter der Herkunftsbezeichnung, wie beispielsweise Chassagne-Montrachet, Meursault, Chablis oder Montrachet.

GRAUBURGUNDER

Der omnipräsente Grauburgunder gehört für viele deutsche Konsumenten mit zu den wichtigsten Vertretern, befragt man sie nach den am weitesten verbreiteten Weinen und Rebsorten. Tatsächlich kann es in Deutschland so erscheinen, doch der Stellenwert der Rebsorte Grauburgunder nimmt ab, wenn man außerhalb Europas nach ihr sucht. In Europa selbst schwankt die Bedeutung zwischen einer Modesorte à la Pinot grigio aus dem Veneto bis hin zur lagerfähigen Spitzenqualität aus Baden, dem Elsass oder dem Friaul.

Grauburgunder stellt hohe Ansprüche an die Lage, diese sollte von der Qualität her zwischen der eines Rieslings und eines Silvaners liegen. Mancher Winzer ist versucht, Grauburgunder auch in qualitativ schlechteren Lagen zu kultivieren, da die Sorte von sich aus höhere Mostgewichte erreicht. Darunter leidet die geschmackliche Qualität ihrer Weine jedoch erheblich.

Grauburgunder wird überwiegend trocken ausgebaut, es gibt jedoch auch großartige restsüße Qualitäten, wie zum Beispiel aus dem Elsass. Das Aroma der Weine erinnert an gelbe Früchte wie reifer Apfel, Quitte oder Honigmelone, daneben finden sich oft nussige Noten, Honig und auch getrocknete Blumen. Am Gaumen zeigen die Weine eine milde bis feinfruchtige Säure und einen weichen, runden Körper.

Grauburgunder eignet sich für den Ausbau im Stahltank und im großen Holzfass. Wer mit Barriques arbeitet, sollte diese vorsichtig dosieren, denn leicht wird das Aroma vom Holz überlagert.

GRAUBURGUNDER
HEIMAT: **Grauburgunder ist wahrscheinlich durch eine Knospenmutation aus Blauem Spätburgunder entstanden und stammt vermutlich aus Burgund. In Deutschland hat die Sorte wahrscheinlich der Kaufmann Johann Seger Ruland verbreitet. Zuweilen wird Grauburgunder auch nach ihm benannt.**
SYNONYM: **Ruländer, Pinot gris, Pinot grigio**
WICHTIGSTE ANBAUGEBIETE: **Deutschland, Elsass, Norditalien, Osteuropa**
REIFEPOTENZIAL: **bis ca. 5-8 Jahre für Spitzenqualitäten**

GRÜNER VELTLINER

Grüner Veltliner und Riesling teilen ein ähnliches Schicksal. Beide mussten in den 1980er- und 1990er-Jahren um ihr Ansehen kämpfen. Ihre Weine entstammten nicht selten Massenqualitäten, was sie zum Zechwein degradierte. Heute müssen sich beide Rebsorten dankenswerterweise nicht mehr verstecken. Grüne Veltliner werden nicht mehr nur beim Heurigen ausgeschenkt, auch in der Drei-Sterne-Gastronomie haben die Weine mittlerweile ihren Platz gefun-

GRÜNER VELTLINER
HEIMAT: **Der Ursprung wird in der Donauregion vermutet.**
SYNONYM: **Weißgipfler, Weißmuskateller**
WICHTIGSTE ANBAUGEBIETE: **Österreich, Osteuropa, Neuseeland**
REIFEPOTENZIAL: **für Spitzenweine weit über 20 Jahre**

den und sind zum Botschafter für österreichische Spitzenqualitäten avanciert. Grüner Veltliner hat großartige Anlagen, ist ertragreich, relativ widerstandsfähig und erreicht unter guten Bedingungen den aromatischen Ausdruck, Schmelz und Körper eines großen Weins.

Die Rebsorte, die im Übrigen nicht verwandt ist mit den anderen Veltliner-Sorten Österreichs, vereint in ihren Weinen ein fruchtiges Aroma von Steinobst, Galia-Melone und die typische Note von weißem Pfeffer. Sie werden klassisch trocken ausgebaut, haben einen leicht pfeffrigen und würzigen Geschmack und trinken sich in den ersten zwei, drei Jahren am allerbesten. Das heißt aber nicht, dass ältere Veltliner keinen Charme besäßen. Im Gegenteil. Zwar sind reifere Grüne Veltliner relativ rar, aber sie zeigen auch nach Jahren noch ihre Eleganz und das „Pfefferl", das mit den Jahren immer deutlicher hervortritt.

Grüne Veltliner sind ideale Speisenbegleiter, da sie über eine zwar erfrischende, aber niemals dominante und scharfe Säure verfügen. Die edelsüße Variante ist vergleichsweise selten anzutreffen, aber sie existiert, und obwohl die Rebsorte nicht zur Edelfäule neigt, gibt es immer wieder erstaunliche edelsüße Beispiele, die trotz der Süße und der teilweisen Botrytis ihren pfeffrigen Charakter erhalten haben.

RIESLING
HEIMAT: **Die Herkunft des Rieslings ist bis heute nicht eindeutig geklärt. Es handelt sich um eine Zufallskreuzung zwischen Vitis vinifera silvestris und dem weißen Heunisch. Aus der gleichen Kreuzung ist eine weitere säurebetonte Rebsorte hervorgegangen: der Elbling.**
SYNONYM: **Johannisberger, Riesling renano bianco, Klingelberger, Rheinriesling**
WICHTIGSTE ANBAUGEBIETE: **Deutschland, Elsass, Österreich, Australien**
REIFEPOTENZIAL: **bis ca. 25-30 Jahre und mehr für Spitzenqualitäten**

RIESLING

Die Rebsorte Riesling ist untrennbar mit dem Imagewandel des deutschen Weinbaus verbunden. Noch bevor viele Deutsche an dessen Qualitäten glauben wollten, haben Rieslinge aus deutschen Top-Lagen die Weinwelt der USA oder Asiens auf den Kopf gestellt. Heute ist die großartige Qualität der Rieslinge weltweit anerkannt, und auch in Deutschland ist man mittlerweile stolz auf die heimischen Schätze.

Riesling stellt höchste Ansprüche an die Lage und kann daher meist nur an ausgewählten Standorten mit Südwest- oder Südostausrichtung ausreifen. An den Boden stellt die Rebsorte hingegen nicht so große Bedingungen. Egal, ob Gesteins-, Sand-, Lehm- oder Tonboden: Sie fühlt sich so gut wie überall wohl und besitzt die Fähigkeit, die charakteristischen Eigenschaften ihres jeweiligen Bodens geschmacklich zum Ausdruck zu bringen. Ihr geschliffenes, kräftiges Aroma, das sich je nach Weinberg mal blumig, mal stahlig mit den verschiedensten Mineraltönen präsentiert, bringt markante Weine hervor, die jedoch die Rebsorte nie verleugnen.

Die geschmacklichen Facetten des Rieslings sind so weit gefächert wie bei wenigen anderen Rebsorten. Ob trocken, restsüß oder edelsüß, Stillwein, Perl- oder Schaumwein: Riesling bedient geschmacklich (fast) alle Richtungen.

Die für Riesling bekannte Säure braucht Raum zum Spiel. Stahltank und Holzfass vermögen diese perfekt in Szene zu setzen, das Barriquefass wirkt hingegen eher wie ein unerwünschter Eindringling in das Geschmacksbild. Riesling schenkt uns ein wahres Meer an Aromen: Sie reichen von Zitrus- oder exotischen Früchten über Kernobst, Steinobst, Kräuter, Mineralien, Petrol, Honig, Sojasauce bis hin zu rauchigen Noten.Riesling besticht durch seine meist sehr präsente Säure und einen geradlinigen Körper. Die Säure lässt die Weine leben, gute Qualitäten sind fast unbegrenzt lagerfähig und erfreuen durch ihre Frische und Lebendigkeit.

SAUVIGNON BLANC

Sauvignon blanc ist die bekannteste Spielart der Sauvignon-Familie. Die Geschwister nennen sich je nach Beerenfarbe jaune, noir, rosé (auch gris) und Sauvignon violet. Die weiße Schwester ist jedoch gleichzeitig die beliebteste Sorte, was sie wahrscheinlich ihrem eindringlichen, vegetabilen Aroma verdankt, das an frische Kräuter, Gras, Tomaten, Spargel, grüne Stachelbeere, grüne Paprika, manchmal auch an Schweiß oder Katzenpipi erinnert. Letzteres ist natürlich eher Geschmackssache.

Viele Sauvignon trinken sich in ihrer Jugend am schönsten, denn die Rebsorte lebt von ihrer lebendigen Frische, anregenden Säure und jugendlichen Frucht. Ihre puristische Reinheit zeigt sie am besten, wenn sie im Stahl ausgebaut wurde. Es gibt jedoch auch Winzer, die Sauvignon im Barrique bändigen können. Bedeutende Anbaugebiete finden sich an der französischen Loire (Sancerre und Pouilly-Fumé) oder in der österreichischen Steiermark. In der Neuen Welt erreicht Sauvignon ein sehr ausgeprägtes, herb-vegetales Aroma. Als Inbegriff perfekter Sauvignon blanc gelten vielen Weinfreunden seit Jahren die spritzigen, pikanten Tropfen aus Neuseeland. In den Bordeaux-Weißweinen von Graves, Pessac-Léognan, Entre-deux-Mers, Bordeaux blanc oder den edelsüßen Sauternes spielen sich Sauvignon blanc und Sémillon als ideale Verschnitt-Partner die Bälle zu. Die beiden sind verantwortlich für herausragende, lagerfähige Weine – zuweilen im Zusammenspiel mit einem kleinen Anteil Muscadelle. Auch in Deutschland wird Sauvignon blanc immer beliebter. Die Anbaufläche erstreckt sich mittlerweile auf über 700 Hektar, die sich überwiegend auf die Anbaugebiete Pfalz, Rheinhessen und Baden verteilen.

Sauvignon blanc bevorzugt warme Lagen, denn nur dort erlangt die Sorte ihre volle Reife. Große Weine stammen eher von kargen Böden wie beispielsweise von den Feuerstein- und Kalk-Lagen der Loire. Die Wuchskräftigkeit der Rebsorte kann bei ungenügender Laubarbeit oder der falschen Unterlagsrebe Probleme bringen, da die Trauben dann schwerer ausreifen. Hier ist straffe Weinbergsarbeit gefordert.

SAUVIGNON BLANC
HEIMAT: **Die Herkunft der Rebsorte liegt vermutlich in Bordeaux.**
SYNONYM: **Blanc fumé, Fumé blanc, Muskat-Silvaner**
WICHTIGSTE ANBAUGEBIETE: **Frankreich, Neuseeland, Chile, Südafrika**
REIFEPOTENZIAL: **bis ca. 10 Jahre und mehr für Spitzenqualitäten**

SILVANER

Die einst führende deutsche Rebsorte wurde Anfang der 1960er-Jahre von Müller-Thurgau und anderen Rebsorten von ihrem Spitzenplatz verdrängt und hat

SILVANER
HEIMAT: **Der Ursprung der Rebsorte liegt in der Alpenregion. Sie ist eine Kreuzung aus Traminer und Österreichisch weiß.**
SYNONYM: **Sylvaner, Johannisberg (du Valais), Fliegentraube**
WICHTIGSTE ANBAUGEBIETE: **Deutschland, Elsass, Österreich, Schweiz, Südtirol**
REIFEPOTENZIAL: **ca. 6-8 Jahre für Spitzenqualitäten**

außer in den Anbaugebieten in Franken und Rheinhessen stark an Bedeutung eingebüßt. Die ertragsstarke Sorte, die selbst auf ärmeren Böden ohne Probleme 80 Hektoliter pro Hektar erbringt, muss in der Quantität stark begrenzt werden, um beste Qualitäten zu erzielen. Auch im Keller stellt sie den Winzer immer wieder vor Herausforderungen und verzeiht keinen Fehler. Werden ihre Ansprüche jedoch erfüllt, kann sie zeigen, welch interessante Geschmackserlebnisse in ihr schlummern.

Regionen, die sich um Silvaner bemühen, sind neben Franken und Rheinhessen auch das Elsass, wo die dort Sylvaner genannte Rebsorte auch in Grand-Cru-Lagen zu finden ist. Dass Silvaner durchaus Potenzial zum Reifen hat, zeigen Weine aus Spitzenlagen in Franken. Bis zu acht Jahren halten sich beste Qualitäten durchaus.

Silvaner ist eine Rebsorte mit verhaltenem Bukett, die neutrale bis mittelaromatische Weine liefert. Die Säurewerte sind geringer als beim Riesling, was so manchem Weinliebhaber entgegenkommt. Ihr wahres Potenzial spielt sie als Essensbegleiter aus, dann verwandelt sich Silvaner in ein wahres Unikum. Doch Vorsicht: Leichte Weine, die aus höheren Erträgen stammen, fallen nicht selten nichtssagend und säuerlich aus, die Qualität ist also entscheidend!

Um das dezente Aroma nicht zu überlagern, wird Silvaner klassisch im Stahltank oder im großen Holzfass ausgebaut. Es gibt jedoch gelungene Versuche mit im Barrique ausgebauten Silvaner-Weinen. Die meist trocken ausgebaute Rebsorte glänzt übrigens auch als edelsüße Variante.

WEISSBURGUNDER

Weißburgunder heißt in seiner Heimatsprache Pinot blanc. Lange Zeit wurde zwischen Pinot blanc und Chardonnay nicht unterschieden, da sich die beiden Sorten zum Verwechseln ähnlich sehen. Verbreitet ist Weißburgunder vor allem in Mitteleuropa, das französische Anbauzentrum liegt im Elsass. Hier hat die Sorte einiges an Image eingebüßt und steht in ihrer Anbaufläche hinter Riesling, Gewürztraminer und Silvaner.

Dagegen genießt sie in Deutschland einen deutlich besseren Ruf, was maßgeblich auf die Ähnlichkeit mit Chardonnay zurückzuführen ist. Warum auch immer: Weißburgunder zählt in Deutschland mittlerweile zu den großen etablierten Rebsorten, und viele Winzer – vor allem in der Pfalz, in Baden und an der Nahe – schätzen ihre Fähigkeit, selbst bei relativ hohen Erträgen noch hohe Mostgewichte zu erreichen.

Geschmacklich hat Weißburgunder einiges zu bieten. Zwar fehlt ein deutlich hervortretendes Aroma, dafür sind die in der Regel trockenen Weine relativ körperreich und voluminös, mit einem ansprechenden Alkoholgehalt und feiner Säure. Die Sorte eignet sich für den Ausbau im kleinen Eichenholzfass, auch wenn sie meist im Stahltank oder großen Holzfass vinifiziert wird. Ihre

WEISSBURGUNDER
HEIMAT: **Der Ursprung liegt wahrscheinlich im Burgund. Es handelt sich um eine Mutation aus der Sorte Grauburgunder, die wiederum aus Spätburgunder mutiert ist.**
SYNONYM: **Pinot blanc, Pinot bianco, Weißer Klevner**
WICHTIGSTE ANBAUGEBIETE: **Deutschland, Elsass, Südtirol, Österreich**
REIFEPOTENZIAL: **ca. 4-6 Jahre und mehr für Spitzenqualitäten**

Vollendung erfährt Weißburgunder am Neusiedlersee in Österreich, wo sie als gehaltvolle, edelsüße Trockenbeerenauslese aus der Kelter fließt.

ROTE REBSORTEN

CABERNET SAUVIGNON

Struktur und Cabernet Sauvignon, ein unzertrennliches Pärchen! Diese Rebsorte mit enormer Ausdruckskraft und Lagerfähigkeit gehört unbestritten zu den besten der Welt, auch wegen ihres Vermögens, das Terroir in ihren Weinen widerzuspiegeln: Wie in einem offenen Buch kann man in einem gut vinifizierten Cabernet Sauvignon lesen und seine Geschichte erschmecken. Nicht viele rote Rebsorten bringen eine dermaßen hohe Konzentration an Tanninen, Pigmenten und Geschmacksstoffen hervor. Nicht nur die Primäraromatik ist sehr ansprechend – sie erinnert zum Beispiel an Cassis, Brombeeren oder Paprika –, spannend wird es auch, wenn sich die subtilen Tertiäraromen gebildet haben, die Cabernet Sauvignon so einzigartig machen. Dabei handelt es sich um Aromen, die während der Reifung des Weins entstehen.

Die Rebsorte benötigt warme, gute Lagen. Auf fruchtbaren, lehmigen Böden erbringt sie die besten Qualitäten, vor allem wenn man ihr eine lange Reifezeit gönnt. Die Trauben können spät gelesen werden, so kann man auch den Einfluss von unreifen Aromen wie grüner Paprika vermeiden – ein Erbe des Elternteils Sauvignon blanc. Cabernet Sauvignon ist eine gute Solistin, ihre herausragenden Fähigkeiten als Teamplayer werden jedoch ebenso geschätzt. Cuvées mit Cabernet Sauvignon sind häufig zu finden und stehen für die besten Weine der Welt. Die bekanntesten Partner sind Merlot und Cabernet Franc – die klassische Bordeaux-Cuvée. Doch auch außerhalb von Bordeaux hat die Rebsorte ihre Spuren hinterlassen und die traditionelle Weinstilistik verändert, so etwa beim Chianti oder in der spanischen Region Navarra.

Cabernet Sauvignon eignet sich für den Ausbau im Stahltank, im Holzfass oder im Barrique – je nachdem, welche Qualität der Winzer erzeugen möchte. Die besten Hersteller gönnen ihren Cabernets bis zu 100 Prozent neue Eichenfässer.

CABERNET SAUVIGNON
HEIMAT: **Seitdem die Römer den Weinbau in der Region von Bordeaux etabliert haben, gibt es Cabernet-Sauvignon-Reben. Die genaue Herkunft ist ungewiss. Die Traube ist jedoch eine glückliche Zufallskreuzung aus Sauvignon blanc und Cabernet franc, wie man an der University of California durch DNA-Analyse festgestellt hat.**
SYNONYM: **Bidure, Petit Cabernet, Sauvignon rouge**
WICHTIGSTE ANBAUGEBIETE: **Bordeaux, Kalifornien, Südafrika, Australien, Chile**
REIFEPOTENZIAL: **weit über 25 Jahre**

GRENACHE NOIR

Wer weiß schon, dass Grenache eine der meist angebauten Rebsorten der Welt ist? Sicher, ihr Name hat nicht den stolzen Klang wie Cabernet Sauvignon oder Chardonnay. Aber man sollte sich nicht täuschen lassen. Hinter Grenache steckt viel Potenzial, immerhin ist die Sorte über ganz Spanien und Südfrankreich verbreitet. Ihre Ausbreitung verdankt die Rebe wahrscheinlich der Größe und Macht des Königreichs Aragon im Norden Spaniens, von wo sie sich zunächst nach Rioja und Navarra ausdehnte, dann weiter ins französische Roussillon und an die Rhône.

GRENACHE NOIR
HEIMAT: **Grenache vereint eine Gruppe von Rebsorten, zu der auch die weiße Spielart Grenache blanc und die dunkle Grenache noir gehören. Ihre Herkunft wird in der Region Aragonien im Nordosten Spaniens vermutet. Auch die Annahme, die Rebsorte könnte aus Sardinien stammen, ist nicht abwegig, denn dort wird sie unter dem Namen Cannonau seit Jahrhunderten angepflanzt.**
SYNONYM: **Garnacha, Cannonau, Tai rosso**
WICHTIGSTE ANBAUGEBIETE: **Spanien, Südfrankreich, Sardinien, Kalifornien, Australien**
REIFEPOTENZIAL: **weit über 15 Jahre**

Grenache ist ertragsstark und widerstandsfähig. Diese Eigenschaften sind jedoch zugleich ihr Schicksal, denn viel zu lange wurden bedeutungslose Massenqualitäten und einfache Roséweine aus ihr erzeugt.

Die Sorte, die früh austreibt, erreicht in langen Wachstumsperioden durchaus hohe Zuckerwerte, die in den späteren Weinen deutlich spürbar sind. Grenache-Weine sind weitaus heller in der Farbe als andere Rotweinsorten, die Weine neigen mitunter früh zur Oxidation, die Qualitäten schwanken zwischen rustikalen Zechweinen und konzentrierten Rotweinen von internationalem Format. Dem spanischen Priorato hat die Rebsorte ihre Wiederauferstehung zu verdanken und ein neues Verständnis für den Umgang mit ihr: Von alten Rebbeständen und kargem Boden kann sie herausragende Weine hervorbringen.

Grenache noir eignet sich für alle Ausbauarten, wobei traditionelle Hersteller das große Holzfass bevorzugen, Modernisten lieber das Barrique einsetzen. Eine Stärke dieser Rebsorte liegt in der aromatischen Fruchtausprägung, die vor allem bei Roséweinen und bei den großartigen Dessertweinen wie dem Banyuls in Szene gesetzt wird.

BLAUER LEMBERGER
HEIMAT: **Der Ursprung wird in Österreich vermutet.**
SYNONYM: **Blaufränkisch, Limberger**
WICHTIGSTE ANBAUGEBIETE: **Österreich, Osteuropa, Württemberg**
REIFEPOTENZIAL: **ca. 6-8 Jahre für Spitzenqualitäten**

BLAUER LEMBERGER

Der Bundesstaat Washington und Deutschland haben eines gemeinsam: Beide verwenden für die österreichische Rebsorte Blaufränkisch den Namen Lemberger. So weit, so gut. Den Österreichern kann es egal sein, denn Blaufränkisch oder Lemberger ist so oder so eine der meistangebauten roten Rebsorten in den Weingärten der Alpenrepublik.

Die ertragsstarke Sorte Lemberger treibt zwar früh aus, dafür wird sie spät reif und eignet sich dadurch fast ausschließlich für den Anbau in relativ warmen Gefilden. Stimmen die Rahmenbedingungen, bringt sie bei sorgfältigem Ausbau Weine von fester Struktur und Charakter, mit einem stabilen, meist kräftigen Säuregerüst hervor. Viele Winzer nutzen die Sorte, die über eine intensive Farbe, Tanninreichtum und eine rassige Art verfügt, im Verschnitt mit Cabernet Sauvignon oder Pinot noir, um den Weinen eine kräftigere Frucht mitzugeben. Für Spitzen-Lemberger verwenden österreichische Winzer gern Eichenholzfässer, viele Weine werden aber auch im Tank ausgebaut. In der deutschen Rotweinwelt spielt Lemberger bisher eine untergeordnete Rolle. Nur einige Winzer beherrschen die Kunst, Lemberger reinsortig zu komplexen und facettenreichen Rotweinen auszubauen. Diese finden sich vor allem in Württemberg.

MERLOT
HEIMAT: **Frankreich. Der Name leitet sich wahrscheinlich vom französischen Wort „merle“ für Amsel ab, die gerne die Trauben nascht.**
SYNONYM: **Médoc noir, Merle petit**
WICHTIGSTE ANBAUGEBIETE: **Frankreich, Italien, Neue Welt**
REIFEPOTENZIAL: **weit über 25 Jahre**

MERLOT

In den 1980er-Jahren erlebte Merlot eine wahre Renaissance in Bordeaux, aber auch im Bergerac und in den Weinbergen des Languedoc-Roussillon. Darüber hinaus wird Merlot vor allem in den nordöstlichen italienischen Weinregionen angebaut, und auch die Neue Welt hat die vollmundige Traubensorte entdeckt. Weinliebhabern fallen beim Namen Merlot jedoch meistens die Bordelaiser Appellationen Saint-Émilion und Pomerol ein, wo die Rebe einige der besten Weine hervorbringt, man denke nur an so große Namen wie „Petrus".

Das Bordelais wäre ohne den relativ ertragsstarken Merlot vielleicht nur die Hälfte wert, wenn überhaupt. Dennoch steht die schwarzblaue Traube immer etwas im Schatten der bekannteren Cabernet-Sauvignon-Traube, die das linke Garonne-Ufer beherrscht. Merlot ist nicht ganz so starkwüchsig, dafür kommt die Rebe besser mit kühlen und feuchten Böden – wie in Pomerol – zurecht und findet dort in guten Jahren zur optimalen Reife. In trockenen Jahren kann es vorkommen, dass sich die Merlot-Trauben nicht voll entwickeln. Sie sind sensibel und verlangen ein genaues Timing des Winzers. Falls die Lese etwa zu spät stattfindet, kann der Säuregehalt der Trauben in den Keller fallen.

Merlot-Weine unterscheiden sich von den aus dickschaligen Beeren gekelterten Cabernet-Weinen vor allem durch eine hellere Farbe, eine weniger stark ausgeprägte Säure und einen geringeren Tanningehalt. Dadurch sind sie wesentlich früher trinkreif und in der Jugend ansprechender als Cabernet Sauvignons, die erst im Laufe von Jahren an Profil gewinnen. Merlot steht für fruchtbetonte Weine, die im Aroma an Pflaumen, Kirschen und rote Beeren erinnern, dazu gesellen sich dezente Würznoten wie etwa Zimt. Man findet Merlot in allen Qualitätsstufen, vom Alltagswein bis zum legendären „Petrus", reinsortig ausgebaut oder als begehrten Cuvée-Partner. Ein Trend in der Schweiz und im Friaul ist Merlot bianco: ein saftiger, frucht-betonter und hellgekelterter Merlot, der viel Frische ausstrahlt.

SYRAH

Syrah zählt zu den edelsten Rotweinsorten der Welt und kann Weine hervorbringen, die über Jahrzehnte hinweg zu großartigen Tropfen heranreifen. Man denke nur an die berühmten Syrah-Weine von der Rhône oder an ihre Pendants aus Australien, die hier allerdings Shiraz heißen.

Nach der Renaissance der Syrah-Weine aus dem Rhônetal, die vor allem mit den Namen Hermitage, Côte Rôtie, Crozes-Hermitage, aber auch mit Châteauneuf-du-Pape verbunden ist, erlebte Syrah in ganz Südfrankreich einen Boom. Vor allem Winzer im Languedoc-Roussillon setzen auf die zuverlässige Rebsorte und bringen beachtenswerte sortenreine Weine auf den Markt, meist als Pays d'Oc IGP. Auch die Schweiz kann im Wallis auf Syrah-Bestände verweisen, die am Oberlauf der Rhône zu konzentrierten Weinen gekeltert werden. In Italien gibt es einige Syrah-Weinberge in der Toskana. In der Neuen Welt hat die Rebsorte vor Jahrzehnten Fuß gefasst. Vor allem in Australien ist sie sehr weit verbreitet und gilt dort als Aushängeschild des australischen Weinbaus. Sie verträgt sich bestens mit dem heißen Wetter und der Trockenheit und bringt dort

SYRAH
HEIMAT: **Syrah stammt aus dem nördlichen Rhônetal.**
SYNONYM: **Shiraz, Hermitage, Marsanne noir**
WICHTIGSTE ANBAUGEBIETE: **Frankreich, Australien, Kalifornien, Südafrika**
REIFEPOTENZIAL: **bis ca. 25 Jahre und mehr für Spitzenqualitäten**

gehaltvolle, kräftige Rotweine hervor. Weitere Bestände finden sich in Kalifornien und Südafrika.

Die mittelgroßen Trauben mit den kleinen, blauschwarzen Beeren sind relativ ertragreich, weitgehend krankheitsresistent, spät im Austrieb und nicht zu spät in der Reife. Wenn die Trauben voll ausreifen, werden die dunklen Weine dicht, komplex und besonders langlebig. Bleiben die Trauben jedoch zu lange am Weinstock hängen, verlieren sie an Aroma und Säure. Richtiges Timing ist deswegen für die Rebsorte ebenso wichtig wie eine lange Reifezeit. Denn erst nach Jahren erreichen die Aromen ihre ganze Komplexität und bestechen durch eine saftige Konzentration bei stabiler Säure.

SPÄTBURGUNDER
HEIMAT: **Der Ursprung der Rebsorte liegt im Burgund.**
SYNONYM: **Pinot noir, Blauburgunder, Blauer Spätburgunder, Pinot nero**
WICHTIGSTE ANBAUGEBIETE: **Burgund, Champagne, Deutschland, Lombardei, Südtirol, Neue Welt**
REIFEPOTENZIAL: **ca. 25 Jahre und mehr für Spitzenqualitäten**

SPÄTBURGUNDER

Immer wieder faszinierend, aber auch launisch und schwer zu durchschauen ist die Rebsorte Spätburgunder, eine der ältesten Kulturreben der Welt. Wahrscheinlich wurde sie bereits vor 2000 Jahren aus Wildreben selektioniert. Spätburgunder gehört zwar mittlerweile zu den international verbreiteten Sorten, ist aber trotzdem nicht überall heimisch. Die Rebsorte ist kapriziös, verlangt viel Aufmerksamkeit und stellt sowohl an die Weinbergslage als auch an die Kellertechnik hohe Anforderungen.

Spätburgunder treibt früh aus und ist dadurch besonders frostgefährdet. Feuchte, kühle Flachlagen sind daher nicht geeignet, wenngleich die Rebsorte kühle Klimazonen bevorzugt. In den heißeren Anbauregionen zeigt sie ebenfalls ihre Schwächen: Mit schnell zunehmender Reife verliert sie spürbar an Aroma und Eleganz und büßt damit wichtige Wesenszüge ihres Charakters ein. Die berühmtesten Weine kommen aus Burgund. Äußerst erfolgreiche Spätburgunder-Erzeuger finden sich jedoch auch in Deutschland und in Übersee.

Man unterscheidet heute zwischen einem klassischen und einem modernen Spätburgunder-Typus. Klassischerweise werden Spätburgunder aus hochreifen Trauben gewonnen, zeigen sich nicht besonders farbintensiv, sind mild, gerbstoffarm und von einer rostroten Farbe. Hingegen präsentiert sich der moderne Typus im Glas mit einem kräftigen Rotton, mehr Tanninen und weniger Säure. Wurde der Wein im Barrique ausgebaut, gesellen sich außerdem Anklänge von Vanille und Zimt hinzu.

Allen Spätburgundern gemeinsam ist ihr süßlicher Duft nach roten Früchten, von Erdbeere über Kirsche und Brombeere bis hin zu schwarzer Johannisbeere. Sie zeigen sich im Geschmack stets vollmundig und samtig, mit einem angenehm fruchtigen Aroma.

Spätburgunder wird in Deutschland auch gerne zu Rosé verarbeitet. Werden die Trauben nach der Ernte direkt gepresst, lässt sich aus dem hellen Saft ein „Blanc de Noirs" herstellen, ein Weißwein aus dunklen Trauben.

GLÄSER

S

Sicherlich ist die Auswahl von Weingläsern Geschmackssache, doch gibt es einige Richtlinien, die Sie beachten sollten, um Farbe, Duft und Geschmack eines Weins perfekt zur Geltung zu bringen.

Bei der Auswahl von Weingläsern kommt es ganz entscheidend auf den richtigen Durchblick an. Die Gläser sollten grundsätzlich farblos-klar sein, damit sich die Farbe des Weins gut erkennen lässt. Weinexperten erhalten aus der Farbe und der Viskosität viele bedeutende Informationen, wie beispielsweise das Alter eines Weins oder den Reifungsprozess eines bestimmten Jahrgangs. Ein Weinglas sollte also auf keinen Fall die visuelle Wahrnehmung beeinflussen. Schliffe und Gravuren wirken sich ebenfalls störend aus. Allenfalls kleine Beschriftungen sind akzeptabel. Gläser mit eingefärbten Stielen haben oft einen regional eingegrenzten historischen Hintergrund. Bis in die 1990er-Jahre waren die sogenannten „Römer"-Kelche als zeitgenössisches Gebrauchsglas mit gefärbtem Stiel in Deutschland sehr populär (beispielsweise grüne Stiele am Rhein und gelbe an der Mosel). Auch wenn gefärbte Designglasware als modernes Wohnaccessoire derzeit sehr gefragt ist, sieht man farbiges Glas bei Weingläsern heute immer seltener.

Hochwertige Kristallgläser sind auch Handschmeichler. Insbesondere die leichten, filigranen, mundgeblasenen Glas-Serien vermitteln in der Hand ein außergewöhnlich angenehmes Gefühl. Als handgefertigtes Glas ist jedes produzierte Stück ein Unikat.

Sehr einfach produzierte Gläser fallen oft durch eine spürbare Naht am Stiel auf. Diese verläuft längs über die gesamte Länge des Stiels. Ebenso auffallend ist der häufig wulstige Mundrand, der das Trinkverhalten und die sensorische Darstellung des Weins auf der Zunge negativ beeinflusst. Eine optimale, feine Randform lenkt den Wein nämlich direkt auf die verschiedenen Bereiche der Zunge, auf denen die vier Geschmackskomponenten süß, sauer, salzig und bitter wahrgenommen werden. Die genannten, eher anspruchslosen Produkte findet man in der mittleren bis gehobenen Gastronomie zum Glück kaum noch. Auch in privaten Haushalten „stirbt" diese Art Gläser zunehmend aus. Der anspruchsvolle Weintrinker schätzt das aus einem Stück gezogene Glas. Hierbei spürt man oft nur noch eine kleine Wulst (keine Naht) zwischen Stiel und angesetztem Fuß, und der Mundrand ist nicht wulstig, sondern dünn und perfekt geschliffen. Durch moderne technologische Lösungen ähneln die besten maschinell gefertigten Gläser immer mehr den mundgeblasenen Unikaten. Ein Kenner kann dennoch am geringeren Gewicht und der besonderen Eleganz das Manufakturglas identifizieren.

KELCHFORMEN UND IHRE SENSORISCHEN EINFLÜSSE

Viele Weinexperten behaupten, dass sie allein durch die Aromen-Wahrnehmung mit der Nase den größten Teil der Weinanalyse betreiben. Die visuelle und geschmackliche Beurteilung hat bei ihnen deutlich weniger Gewicht. Die dezidierte Freigabe von Aromen durch eine bestimmte Kelchform hat somit eine Schlüsselfunktion bei jeder Weindegustation.

Durch die Verjüngung des Weinkelchs in Richtung Glasöffnung konzentrieren sich die freigesetzten Aromen. Je radikaler der Durchmesser nach oben abnimmt und je kleiner die Öffnung wird, umso konzentrierter können die Duftmoleküle in die Nase des Testers gelangen.

Der größte Durchmesser des Kelchs oder der Kuppa sollte sich ungefähr im unteren Drittel des Glases befinden. Dieser markiert bei den meisten Formen auch die ideale Füllhöhe. Hier trifft Sauerstoff auch ohne Schwenken auf eine große Fläche Wein und erzielt seine Wirkung. Den sich verjüngenden Bereich zwischen größtem Durchmesser und Öffnung nennt man Duftkamin.

Ein zarter, an Aromen armer Wein kommt in einem kleinen, gedrungenen Kelch mit schlanker Öffnung besser zur Geltung als in einem großvolumigen (Rot-)Weinkelch. Die relativ dünne Duftstruktur würde in einem zu großen Kelch „verpuffen" und nur sehr zerstreut wahrgenommen werden. Bei sehr dichten, komplexen Weinen verhält es sich genau umgekehrt. Ihre üppige, extrem dichte Aromenstruktur, die in der Regel von hohen Alkoholwerten getragen wird, kann auch einen großvolumigen Kelch spielend mit Duftstoffen ausfüllen. Selbst in Weingläsern mit sehr großer Kuppa zeigt ein muskulöser Rotwein all seine Finesse und Dichte. Testet man einen solchen Kraftprotz aus einem kleinen (Weiß-)Weinglas, kippt der Konzentrationseffekt ins Gegenteil. Der Wein wirkt „gedrungen", seine Aromen erscheinen aufdringlich und überkonzentriert. Der am meisten störende Effekt ist jedoch das unangenehm stechende Gefühl des hohen Alkoholgehalts. Dieser gelangt über die kleine Öffnung des Glases viel zu konzentriert in die Nase.

GLÄSER IM GEBRAUCH

Die Form eines Glases entscheidet mit, wie der Wein in die Nase und auf die Zunge und deren Geschmacksknospen trifft. Um möglichst viele Duftmoleküle freizusetzen, benötigt der Wein im Glas jedoch zusätzlichen Sauerstoff. Dieser lässt sich durch kreisförmiges Schwenken des Glases hinzufügen.

Das Schwenken erfordert einiges an Übung. Nur ein ausbalanciertes Glas ist überhaupt harmonisch schwenkbar. Testen Sie die Balance zwischen Kelch und Fuß, indem Sie das Weinglas mit seinem Stiel horizontal auf den Zeigefinger legen. Mit etwas Fingerspitzengefühl finden Sie den Balancepunkt, an dem das Glas in einem Schwebezustand auf dem Finger verharrt. Finden Sie diesen Balancepunkt nicht und das Glas kippt ständig in die eine oder andere Richtung, ist es schlecht ausbalanciert, und ein gleichmäßiges Schwenken wird deutlich schwieriger. Sie merken es am Hin-und-her-Plätschern des Weins im Kelch.

Gläser sollten generell am Stiel und nicht am Kelch angefasst werden, um Fingerabdrücke zu vermeiden. Achten Sie darauf, auch eventuelle Staub- und Schmutzreste vor dem Einsatz zu entfernen, damit die Durchsicht nicht getrübt wird.

Gläser wirken zwar glatt, sind an ihrer Oberfläche jedoch porös und können deshalb sehr leicht Gerüche annehmen. Daher sollten auch neue Gläser vor dem ersten Gebrauch immer gespült werden. Zudem müssen sie mit der geöffneten Seite nach oben im Regal oder Schrank stehen, damit sie „atmen" können und keinen Regalgeruch annehmen. Fremdgerüche sind im trockenen Glas übrigens weniger deutlich spürbar als im gefüllten. Hier potenzieren sie sich und überdecken das eigentliche Aroma des Getränks. Bei Top-Weinen empfiehlt es sich, das Glas vor dem Gebrauch eventuell zu „avinieren" (häufig auch als „vinieren" bezeichnet). Dabei wird das Weinglas mit einer winzigen Menge des zu servierenden Weins ausgeschwenkt. Mögliche Gerüche oder Staubreste werden gelöst, das Glas ist somit „weingrün".

Wenn die Gläser in der Geschirrspülmaschine waren und noch warm und feucht sind, lassen sie sich am einfachsten nachpolieren. Nutzen Sie dafür ein trockenes, sauberes und fusselfreies Tuch aus Leinen, Baumwolle oder Mikrofaser. Diese Tücher sollten im optimalen Fall als Glaspoliertuch gekennzeichnet werden und nie mit Weichspüler in Berührung kommen, da sie das Wasser dann nicht gut aufnehmen können. Poliert werden sollten natürlich nur sehr saubere Gläser, die frei von Fettresten (Lippenstift) und Essensresten sind, da sich diese sonst im Tuch verteilen und andere Gläser verunreinigen. Eine Nachkontrolle jedes Glases ist vor allem in der Gastronomie unerlässlich, damit dem Gast nur einwandfrei saubere Gläser gereicht werden.

GLASKULTUR ALS STILFRAGE

Das Glas ist für den Weinexperten in erster Linie ein wichtiges Medium zur Weinanalyse. Die ausgewählte Serie und Form dient der zielgerichteten aromatischen Darstellung eines bestimmten Weinstils. Aber neben dem sensorischen Aspekt spielt auch die ästhetische Komponente eine bedeutende Rolle. Welche Gläser passen zu meiner Einrichtung? Diese Frage stellen sich Gastronomen und private Weintrinker gleichermaßen. Grundsätzlich ist hierbei erlaubt, was gefällt. Dennoch kann die harmonische Abstimmung zwischen Geschirr-, Besteck- und Glasdesign einem gedeckten Tisch besondere Wertigkeit verleihen. Die stilvolle Einbindung passender Vasen und Kerzenleuchter machen den Gesamteindruck perfekt.

Heute lassen sich moderne, in der Form schlichte Gläser zu unterschiedlichen Einrichtungsstilen kombinieren. So fügt sich ein schlichtes Glas sowohl in einem modernen Designrestaurant ein als auch in die heimelige Atmosphäre eines alpinen Hotels. Ob es am Ende ein maschinell fein eingeblasenes Glas oder die mundgeblasenen Unikate sein sollen, ist – wie viele Dinge im Leben – eine Frage des Anspruchs.

DE
KAN
TIER
EN

Die Frage, ob man einen Wein belüften soll, bevor man ihn trinkt, hat schon Generationen von Wein-Genießern und -Fachleuten beschäftigt. Die einen sind der Überzeugung, dass sich der Wein beim Dekantieren, besser gesagt: beim Karaffieren, durch den intensiven Kontakt mit Sauerstoff öffnet, die Gegner befürchten, dass er dadurch zu viel an Aroma und Frische einbüßen kann. Da keine ausreichenden wissenschaftlichen Erkenntnisse zu dieser Thematik vorliegen, bleibt es letztlich der Erfahrung sowie dem persönlichen Geschmack des Einzelnen überlassen, wie er mit einem Wein nach dem Entkorken verfährt.

Doch was bedeutet Dekantieren und Karaffieren, wo liegen die Unterschiede? Der Ausdruck Dekantieren leitet sich von dem französischen Begriff „décanter" ab und bezeichnet das Trennen eines ungelösten Bodensatzes von einer Flüssigkeit. Im Laufe der Lagerung können sich am Boden der Flasche Trubteilchen absetzen. Wenn man sie in der Flasche belässt, würde dieses Depot beim Ausschenken aufgewirbelt und sich mit dem Wein vermischen. Die Trubteilchen gelangen ins Glas, was schon aus ästhetischen Gründen störend wirkt, und von dort aus in den Mund. Sie beeinträchtigen zwar nicht den Geschmack, aber das Mundgefühl.

Karaffieren bezeichnet hingegen das Belüften eines Weins, ohne dabei das Depot vom Wein zu trennen. Insbesondere junge, noch etwas kantige Rotweine können durch diesen Vorgang an Geschmeidigkeit gewinnen. Aber auch körperreiche junge Weißweine, die in ihrem Aroma noch sehr verschlossen sind, können durch das Umfüllen in eine Karaffe mehr von ihrer Frucht preisgeben. Das zum Karaffieren junger Weine verwendete Gefäß hat in der Regel einen breiten Boden und der Wein damit eine große Oberfläche, die umfassenden Luftkontakt ermöglicht.

Vor allem beim Karaffieren älterer Weine scheiden sich die Geister: Gegner des Belüftens warnen davor, dass reifere und alte Weine durch den intensiven Kontakt mit dem Sauerstoff ihre Duftaromen zwar preisgeben, ihren Geschmack jedoch vollends verlieren können, wenn das Maß überschritten ist. Aus diesem Grund raten sie, sehr alte Rotweine – wenn überhaupt – nicht schon Stunden vor dem Servieren in eine Karaffe umzufüllen, sondern erst unmittelbar vor dem Genuss. Auf diese Weise lassen sich die einsetzenden Entwicklungsstufen, die der Wein in Kontakt mit dem Sauerstoff durchläuft, beobachten, und Sie gehen sicher, den Höhepunkt nicht zu versäumen, an dem der Wein getrunken werden sollte. Wählen Sie für fragile Weine oder in potenziell kritischen Fällen eine schmale Karaffe mit geringer Luftspiegelfläche, sodass der Wein nicht so schnell oxidieren kann.

FINGERSPITZENGEFÜHL GEFRAGT

Das Dekantieren und Karaffieren erfordert in der Praxis auf jeden Fall Fingerspitzengefühl, um einen eventuell vorhandenen Bodensatz nicht unnötig aufzuwirbeln. Schon beim Holen der Flasche aus dem Weinkeller sollten Sie mit einem Körbchen arbeiten, damit die Flasche ohne allzu große Erschütterungen an den Tisch gelangt. Ob die Flasche beim Dekantieren im Körbchen verbleibt oder zuvor herausgenommen wird, bleibt Ihrem eigenen Geschmack überlassen.

Um das Depot besser erkennen zu können, benötigen Sie eine ausreichende Lichtquelle. Die traditionell eingesetzte Kerze ist nicht zwingend erforderlich. Hauptsache, Sie erkennen, wann sich das Depot beim Umfüllen vom Flaschenboden in Richtung Flaschenhals bewegt. Wenn Sie behutsam gießen, sehen Sie, dass sich das Depot in der Flasche wie ein dunkler Faden bewegt. Sobald er sich auf Höhe der Flaschenschulter befindet, wird es Zeit, mit dem Umfüllen aufzuhören. Ein guter Trick ist es, die Flasche in der Endphase des Ausgießens ein wenig zu drehen, damit sich das Depot innen an der Glaswand des Flaschenhalses verteilt.

Wir haben noch einen Tipp für Sie parat: Bei einem jungen Rotwein, der sowohl dekantiert als auch karaffiert werden muss, leistet ein sauberer Teefilter aus Baumwolle oder Leinen fantastische Dienste. Er erleichtert die Arbeit beim Umfüllen, hält das Depot in jedem Fall vollständig zurück und bringt den Wein mit viel Sauerstoff in Kontakt, da Sie ihn relativ schnell und unkompliziert in die Karaffe füllen können.

TEM
PERA
TUR

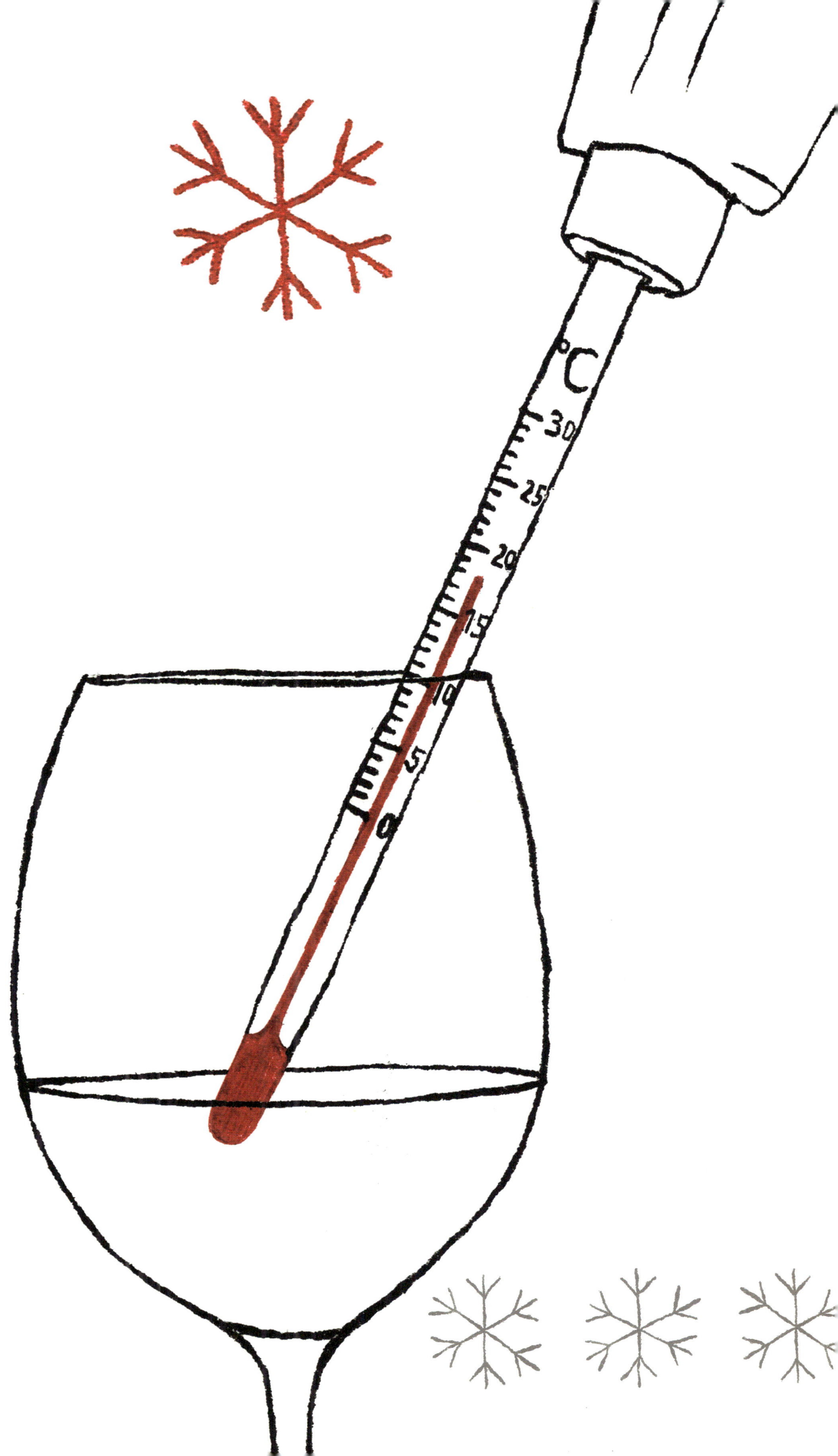
°C
30
25
20
15
10
5
0

Die Temperatur eines Weins hat einen enormen Einfluss darauf, ob und wie uns ein Wein schmeckt. Natürlich ändert die Temperatur nichts an seinen Inhaltsstoffen, doch reagieren wichtige Bestandteile im Wein auf Wärme und Kälte. Die flüchtigen Verbindungen, die für den Geruch verantwortlich sind, lösen sich beispielsweise umso leichter, je wärmer ein Wein ist. So können zu kalt servierte Tropfen ihren Duft in der Regel nicht richtig entfalten. Sie zeigen sich verschlossen und auch am Gaumen mehr oder weniger geschmacklos. Dagegen wirken zu warm präsentierte Weine meist überladen und schwer, der Alkohol kann unangenehm in die Nase steigen, und auch Weinfehler können bei zu hoher Trinktemperatur schwerer ins Gewicht fallen.

OPTIMALE TRINKTEMPERATUR

Klingt gleich wieder kompliziert, ist es aber gar nicht. Wichtig sind nur ein paar Regeln, die Sie sich leicht merken können: Das Temperieren eines Weins sollte vor allem behutsam erfolgen, ein schnelles Runterkühlen ist ebenso wenig zu empfehlen wie ein plötzliches Erwärmen. Ein rascher Temperaturwechsel kann dazu führen, dass sich der Wein unharmonisch oder besonders verschlossen präsentiert, quasi „geschockt". Stecken Sie zu kalte Weine vor allem niemals in die Mikrowelle – hat es alles schon gegeben! Als Faustregel gilt: Je höher der

Tanningehalt eines Rotweins, umso wärmer wird er getrunken. Dabei sind Temperaturen von 12 bis 14 °C für einen leichten, fruchtigen Roten und 16 °C für einen etwas würzigeren Vertreter optimal. Einen hochwertigen Roten können Sie bereits am Vortag in einem kühleren Zimmer lagern und den Wein kurz vor dem Servieren in den Wohnraum holen. Hier darf er sich dann aufwärmen und erreicht spielend seine passende Trinktemperatur von rund 18 °C.

Einen Weißwein können Sie generell im Kühlschrank vortemperieren, müssen einen körperreichen Vertreter jedoch früher wieder herausnehmen als einen leichten Weißwein, damit er nicht zu kalt ist. Als Anhaltspunkte gelten hier 6 bis 8 °C für einen leichten, säurebetonten Wein, 8 bis 10 °C für einen aromatischen Tropfen und 14 bis 16 °C für voluminöse Vertreter aus dem kleinen Holzfass. Ein Rosé schmeckt bei 6 bis 8 °C am besten, und für Perl- und Schaumweine empfiehlt sich eine Temperatur zwischen 8 und 10 °C.

Nicht immer ist Weingenuss geplant, werden Sie sagen. Stimmt, und in diesem Fall muss es mit dem Temperieren natürlich etwas schneller gehen: Weißweine dürfen eine viertel bis halbe Stunde ins Eiswasser oder durch eine Kühlmanschette heruntergekühlt werden. Einfachere Rotweine können Sie in einer warm ausgespülten Karaffe erwärmen. Schonender ist es jedoch generell, sie ins Glas zu gießen und zu warten, bis sie die passende Temperatur erreicht haben – das geht im Glas relativ fix, weil das zu temperierende Volumen natürlich kleiner ist als in der Flasche.

Probieren Sie es einfach mal aus. Wenn Sie ganz sichergehen möchten, können Sie zur Ermittlung der richtigen Temperatur ein Weinthermometer benutzen. Bedenken sollten Sie allerdings, dass sich der Wein am Tisch im Umfeld der warmen Speisen vergleichsweise schnell erwärmen kann. Da kann ein Weinkühler gute Dienste leisten, der den Wein für längere Zeit auf der richtigen Temperatur hält.

Natürlich gibt es beim Temperieren einen gewissen Spielraum, den Sie nach eigenem Empfinden regulieren sollten. Und auch die Jahreszeit, in der Sie einen Wein trinken, spielt hierbei eine Rolle. An heißen Sommertagen schmeckt ein Weißwein auch mal ein paar Grad kühler und kann auch ein leichter Roter durchaus kellerkühl Genuss bereiten.

LA GER UNG

A

Als Weinfreund mit kleinerem oder größerem Weinvorrat stellt man sich ab einem gewissen Flaschenbestand zwangsläufig die Frage nach dem „Wohin?“ mit den Schätzen. Schließlich verfügt nicht jeder über ein perfekt temperiertes Kellergewölbe, das ideale Lagerungsbedingungen bietet. Wer nicht gerade in einem Altbau wohnt, besitzt in der Regel eher zu warme Kellerräume, weil das Thema Lagerkeller bei den Architekten heute eher selten eine Rolle spielt. Diese Marktlücke haben sich Unternehmen bereits vor Jahren zunutze gemacht und bieten auch Privatleuten unzählige Systeme für jeden Geldbeutel und jede Räumlichkeit an. Sie haben die Wahl zwischen modularen Regalen, die kostengünstig und ausbaufähig sind, Klimageräten, diversen Elementen aus Ton-, Bims- oder Kalkstein, die sich untereinander kombinieren lassen, bis hin zum eigens für Sie und Ihren Keller entworfenen Natursteingewölben.

EINE FRAGE DES INHALTS

Wichtig ist zunächst, dass Sie wissen, welche Weine sich zur Lagerung eignen. Weine sind lebendig und reifen auch in der Flasche nach. Junge, leichte Weiße und einfache Rote sind trinkfertig, wenn Sie sie kaufen. Sie benötigen keine langfristige Pflege, sondern müssen lediglich bruchsicher verstaut werden. Anders sieht es aus bei tanninreichen Roten und säurebetonten Weißweinen aus dem Holzfass. Gerbstoffe, Säure und die natürliche Sauerstoffzufuhr im Holzfass sind für die Stabilität, Frische und Lagerfähigkeit von Weinen ausschlaggebend. Nicht zu vergessen sind Erzeugnisse mit Restzucker, die sich aufgrund des Zuckergehalts bis hin zu Jahrzehnten lagern lassen. Wirklich Große unter ihnen können Generationen überdauert haben und entzünden beim Öffnen immer noch ein wahres Duft- und Geschmacksfeuerwerk.

PERFEKT GEBETTET

Weil sich Weine in der Flasche weit schneller entwickeln als im Fass oder Tank, müssen Sie alles tun, was ihr Leben verlängern kann. Dazu gehören vor allem optimale Lagerbedingungen wie gleichmäßige Temperatur, Schutz vor Licht und ausreichend Luftfeuchtigkeit. Sie ahnen jetzt bestimmt, warum sich ein altes Kellergewölbe für die Lagerung perfekt eignet. Die ideale Lagertemperatur liegt bei 10 bis 15 °C, höhere Werte lassen Weine schneller reifen und an Frische verlieren. Wenn Ihre Weine Jahrzehnte überdauern sollen, ist deshalb ein Wert bis maximal 15 °C anzuraten, für das Reifen von Weinen dürfen Sie Temperaturen tolerieren, die etwas darüber liegen. Wichtig ist vor allem, dass die Temperatur konstant bleibt. Als optimale Luftfeuchtigkeit hat sich ein Wert zwischen 65 und 75 Prozent erwiesen. Ist es feuchter, leiden vor allem Etiketten alter Weine, die im schlimmsten Fall unleserlich werden. Vor allem könnte es zu Schimmelbefall an den Korken kommen. Solange der Flascheninhalt damit nicht in Kontakt gerät, hat Schimmel zwar keinen Einfluss auf den Geschmack, ist aber auch nicht gerade ansehnlich. Ist die Luft aber zu trocken, können Flaschenkorken schrumpfen, die Weine geraten zum einen in Kontakt mit Sauerstoff, was sie rasch altern lässt, zum anderen könnte die Flasche auslaufen. Dunkel sollte es auch sein, denn wie bei anderen Lebensmitteln löst Tages- oder künstliches Licht auch bei Weinen eine vorzeitige Alterung aus. Wichtig ist es, Weine liegend aufzubewahren, damit der Korken stets feucht, die Flasche somit dicht verschlossen bleibt. Weine mit Schraubverschluss können Sie ruhig stehend lagern.

DAS PASSENDE SYSTEM

Wenn Sie sich überlegt haben, welche Ihrer Weine sich zum Lagern oder Reifen eignen, stellt sich die Frage nach dem passenden System. Ein Weinkühlschrank ist eine super Alternative zum Lagerkeller und kann auch auf engstem Raum untergebracht werden. Es gibt ihn nicht nur für die Gastronomie, sondern auch für den privaten Gebrauch. Er ist vibrationsärmer als gängige Küchenkühlschränke, und seine Temperatur schwankt deutlich weniger als beim Standardkühlgerät. Zuweilen besitzt ein Weinkühlschrank Klimazonen, die sich auf Lagertemperatur und Serviertemperatur einstellen lassen. Da die private Nachfrage stetig steigt, bieten heutzutage fast alle großen Hausgerätehersteller Weinkühlschränke an. Vor dem Kauf müssen Sie überlegen, welche und wie viele Weine gelagert werden sollen. Viele Schränke bieten zwar mehrere Temperaturzonen an, die jedoch von unterschiedlicher Größe sein können. So gibt es zum Beispiel Modelle, die für insgesamt 21 Flaschen geeignet sind, in einer Zone aber nur sechs Flaschen aufnehmen, in der anderen Zone hingegen 15 Flaschen. Zudem gilt es zu klären, ob Ihnen ein klassischer Weinkühlschrank genügt oder ob Sie einen reinen Temperierschrank benötigen. Ersterer bietet in der Regel ein bis drei Zonen und dient der Lagerung. Kombimodelle verfügen zusätzlich über Temperierzonen, in denen Weine liegen, bis sie die perfekte Serviertemperatur angenommen haben. Dies ist auch die Aufgabe eines reinen Weintemperierschranks.

Wollen Sie auf die Temperierung verzichten und stromlos lagern, sind Sie auch mit Regallösungen gut bedient. Als Stellplätze hierfür eignen sich neben dem Keller vor allem Schlafzimmer, ungeheizte Flure oder Abstellkammern, weil die Temperatur in diesen Räumen am konstantesten bleibt. Ungeeignet sind lichtdurchflutete Räume, die größeren Temperaturschwankungen ausgesetzt sind. Auch Küche oder Garage sind aufgrund der Fremdgerüche, die durch den Korken in den Wein gelangen könnten, ungeeignet.

WEIN BEI TISCH

B

Bevor wir uns der Frage widmen, welches Getränk zu welcher Speise passt, möchten wir ein wichtiges Anliegen loswerden: Egal, was man Ihnen erzählt: Es gibt bei der Auswahl von Wein und Speisen keine dogmatischen Regeln, die Kombinationen verbieten. Es gibt aber durchaus Richtlinien, deren Beachtung zu einem harmonischen Miteinander führt. Und die Harmonie hat bei der Wein- und Speisen-Auswahl oberste Priorität. Kein Element sollte das andere überlagern, sondern stets ergänzen. Vertrauen Sie im Restaurant der Beratung durch Sommeliers, die Ihnen Geschmackserlebnisse nahebringen, und vertrauen Sie Ihrem eigenen Geschmack.

Was wir Ihnen mit diesem Kapitel an die Hand geben möchten, sind einige sensorische Ansätze, die eine treffsichere Auswahl bei Tisch deutlich vereinfachen. Es war einmal ...: Die Aussage „weißer Wein zu weißem Fleisch und roter Wein zu dunklem Fleisch" stammt aus einer Zeit, in der man Rotweine noch bei Zimmertemperatur trank. Die vielen deutschen Italien-Urlauber haben die Erkenntnis längst über die Alpen getragen, dass gegrillter Fisch auch perfekt von Rotwein begleitet werden kann.

Das Zusammenspiel von Wein und Speise wird äußerst subjektiv wahrgenommen. Bedingt durch kulturelle Einflüsse, sensorische Konditionierung und emotionale Stimmungen ist eine allgemeingültige Empfehlung gar nicht möglich. Da es kaum eine perfekte Lösung gibt, sollte das Ziel vielmehr sein, eine kulinarische Balance zu finden, die neben chemischen Prozessen in der sensorischen Wahrnehmung auch „weiche" Faktoren wie persönliche Stimmung, Jahreszeit, aktuelles Wetter oder ähnliche Faktoren aufgreift. Dies sollte man in privater Runde ebenso berücksichtigen wie im Restaurant. Hier ist es die Aufgabe des Sommeliers, den Gast diesbezüglich zu beraten, an die Hand zu

EINIGE RICHTLINIEN FÜR EIN HARMONISCHES MITEINANDER:

- **Süße hebt sich gegenseitig auf.**
- **Säuren addieren sich.**
- **Salz betont Säure und Gerbstoffe im Wein.**
- **Bitterstoffe addieren sich.**
- **Leichte Gerichte lieben feingliedrige Weine.**
- **Stark gewürzte Speisen schmecken in Verbindung mit alkoholreichen Weinen noch kräftiger.**
- **Scharfe Gerichte harmonieren gut mit restsüßen Weinen.**
- **Fettiges Essen wird durch alkoholreiche, säurehaltige und gerbstoffreiche Weine bekömmlicher.**
- **Sahne im Essen passt gut zu restsüßen Weinen.**
- **Der Geschmackseindruck „Umami" kann die Wahrnehmung von Säure und Bitterstoffen im Wein verstärken.**

nehmen und zudem dessen Budget im Auge zu behalten. Wir möchten Ihnen darstellen, welche Parameter den Genuss von Wein beim Essen beeinflussen können. Es liegt uns sehr am Herzen, Sie zum Experimentieren zu animieren. Wir empfehlen, Lieblingsspeisen durchaus mal mit unbekannten Weinen zu testen und umgekehrt den bevorzugten Rebensaft mit einem neuen Gericht zu verbinden. Die hier skizzierten Ansätze dienen daher mehr als Orientierungsleitfaden.

APERITIF ALS WARM-UP

Bevor wir in das Thema der eigentlichen Speisenkorrespondenz einsteigen, widmen wir uns der „Essensvorbereitung". Zum Start in ein genussvolles Essen gehört zweifelsohne ein Aperitif. Er besitzt die Fähigkeit, den Appetit durch ein außergewöhnliches Aroma, eine anregende Säure oder feine Bitterstoffe anzuregen. Wenn die Magensäure aktiviert ist, bereitet sich der Körper auf die Nahrungsaufnahme vor. Der Mensch nimmt dies als eine Art Hunger oder – besser gesagt – als Appetit war.

In Deutschland ist der wohl am meisten servierte Aperitif der Schaumwein, der durch seine Kohlensäure die Geschmacksknospen animiert und auf weitere Genüsse vorbereitet. Ebenso kann ein trockener, säurebetonter Weißwein wie Riesling oder Sauvignon blanc diese Aufgabe erfüllen. Aromatische Weine wie beispielsweise ein Muskateller wirken über das intensive Aroma anregend auf die Verdauungsorgane und „avinieren" den Gaumen. Auch Bier bringt alle Eigenschaften eines Aperitifs mit, denn durch seine angenehmen Bitterstoffe regt es ebenfalls den Speichelfluss am Gaumen und die Magensäure an. Besagte Bitterstoffe finden wir auch in den Klassikern Campari, Cynar, Aperol & Co. Aber es geht natürlich auch ohne Alkohol. Tomatensaft schmeckt nicht nur im Flugzeug. Als Starter ist er dank seiner natürlichen Säurestruktur ein Klassiker. Bitter Lemon, Tonicwater oder frisch gepresste Fruchtsäfte pur oder in alkoholfreien Cocktails erzielen den gleichen Effekt.

IN DREI SCHRITTEN ZUM „GESCHMACKVOLLEN" HAUS

Nach dem appetitanregenden Warm-up zeigen wir im Folgenden unterschiedliche Schulen der genussvollen Kombination von Getränken und Speisen. Unser Modell stützt sich auf verschiedene Bausteine, wobei folgende Methoden der Wein-Speise-Kombinationen das Fundament bilden: Garmethoden, Saucen, regionale Aspekte.

Verschiedene Garmethoden können ein Grundprodukt in unterschiedliche Geschmacksrichtungen lenken. Sehr anschaulich lässt sich dies an einer „Forelle Müllerin" oder „Forelle blau" darstellen. Man kann sich schon theoretisch vorstellen, dass sich mit der kross gebratenen Haut des Fischs ein würziger, im Barrique ausgebauter Wein gut kombinieren lässt. Trinkt man den gleichen

Wein zur geschmacklich dezenteren „Forelle blau", wird der Wein diese Kombination einseitig dominieren. Vom zarten Forellenaroma bleibt wenig übrig. Hier ist also ein subtilerer Wein, ohne nachhaltig schmeckbaren Holzeinfluss gefragt, der mit den zurückhaltenden Aromen der Speise eine Balance hält.

Lieben Sie Restaurants mit offenen Küchen, in denen Sie entspannt und bei einem leckeren Tropfen dem quirligen Treiben der Küchencrew zusehen können? Zuweilen lässt sich dabei beobachten, wie der Sommelier des Hauses mit einem Glas Wein zu den Köchen geht. Er möchte dann natürlich nicht mit den Kollegen anstoßen, sondern vielmehr eine Sauce in Korrespondenz zu einem bestimmten Wein verkosten. Neben der Garmethode ist die Sauce oftmals eines der dominierenden Bestandteile eines Gerichts. Je nach Konzentration, Süße, Schärfe- und Säuregrad beeinflusst sie die Wirkung des begleitenden Weins. Auch der Aspekt Fett spielt eine nicht zu unterschätzende Rolle.

Was prüft unser Sommelier bei seinem kurzen Besuch beim Saucier? Zum Beispiel, ob die Säure der Sauce den Wein unterstreicht. Besitzen Sauce und Wein eine gleich starke Säure, kann sich dies potenzieren und störend wirken. Unterschiedlich starke Säuren in Wein und Speise gleichen sich hingegen aus. Auch der Süßegrad einer Sauce hat Einfluss auf die Weinauswahl. Schlanke Weine mit geringeren Alkoholgraden können gegen konzentrierte Saucen selten bestehen. Hier sollte dann eher ein komplexer Wein mit Statur zum Einsatz kommen. Damit ist ein Wein gemeint, dessen Struktur von deutlichem Alkohol geprägt ist. Frische Säure im Wein kann einer süßlichen Sauce oft den besonderen Kick verleihen. Zeichnet sich die Sauce durch eine pikante Schärfe aus, ist ein schmeckbarer Restzucker im Wein ein idealer Gegenpart. Der Zucker im Getränk nimmt dem Gericht die Schärfe, und umgekehrt erscheint der Wein in Verbindung mit der Sauce weniger süß.

Über viele Jahrhunderte hinweg haben sich zahllose kulinarische Traditionen etabliert. So sind gebietstypische Rohstoffe mit historischen Zubereitungsmethoden fest verbunden. Regionale Getränke, insbesondere Wein, zählen hier trotz aller globalen Einflüsse untrennbar zum Kulturgut. Das Glas süßer Gewürztraminer zum elsässischen Munster-Käse ist neben aller Tradition ein unvergleichlicher Genuss. Man denke an die Schärfe des Rotschmierkäses und den Restzucker des Weins. Oder man stelle sich den perfekt korrespondierenden Chèvre von der Loire zum frischen Sauvignon blanc aus dem Sancerre vor. Noch ein Beispiel aus dem Piemont gefällig? Der animalisch-würzige Trüffel aus Alba erfährt in Verbindung mit einem gereiften Nebbiolo eine traumhafte Harmonie, da die Reifearomen des Weins an Trüffel und Unterholz erinnern. Dies sind für viele Menschen genussvolle Gesetzmäßigkeiten.

Statt weitere regionale Wein-Speise-Verbindungen aufzuzählen, möchten wir einen theoretischen Ansatz skizzieren. Beim Wachstum von Pflanzen, bei der Aufzucht von Tieren sowie bei der Zubereitung von Speisen spielen regionale beziehungsweise klimatisch bedingte Mikroorganismen eine zentrale Rolle. Die Reifung eines bestimmten Käses steht im engen Zusammenhang mit vor Ort etablierten Hefestämmen – Hefen, die auch den Gärverlauf eines Weins nachhaltig prägen. Aus dieser Perspektive erklärt sich, warum viele Weine traumhaft gut zu Wurst- und Käsespezialitäten desselben Ortes passen. Sie sind nachhaltig von verwandten Mikroorganismen beeinflusst. Für alle, die sich fragen, warum man häufig nach einer Reise von der mit nach Hause gebrachten kulinarischen Urlaubsentdeckung enttäuscht ist, kann auch hier eine der Antworten „Hefen" lauten. Die besagten heimischen Mikroorganismen steuern nicht nur den Gärverlauf des Weins und die Reifung von Lebensmitteln. Wir finden sie auch an Besteck, Geschirr, Gläsern und Servietten. Wahrscheinlich beeinflussen sie unsere geschmackliche Wahrnehmung. Da wir sie aber bei der Abreise aus dem Urlaub nicht mit einpacken können, wirkt der Urlaubswein am heimischen Esstisch oft enttäuschend. Eine weitere Antwort auf die Frage finden wir natürlich in unserer Psyche. Im Urlaub reagieren wir aufgrund der entspannten Atmosphäre weitaus positiver auf Säuren, Gerbstoffe oder Aromen als zu Hause.

VOM STABILEN FUNDAMENT ZUM ROHBAU

Nachdem wir das Fundament, das bei der Verbindung von Wein und Speise eine Rolle spielt, gelegt haben, geht es jetzt in Anlehnung an den Rohbau eines Hauses weiter – zur Aromenstruktur. Auch hier gilt: Ohne Berücksichtigung der eben beschriebenen Basis ist die Gefahr groß, dass die aromatische Abstimmung misslingt. Das Kirscharoma eines Spätburgunders kann noch so gut zum Geschmack der Sauce passen: Wenn die Schmoraromen der Rinderbacke den Wein im Mund aber zerfetzen, ist diese Kombination eindeutig misslungen. Daher wollen wir auch in diesem Abschnitt unterstreichen, dass die Übereinstimmung von Aromen in Wein und Speise ohne Berücksichtigung des Fundaments nicht funktioniert.

Grundsätzlich unterscheiden wir bei der Speisenabstimmung nicht zwischen Primär- und Sekundäraromen eines Weins. Der Wein wird in seinem vollen Aromenspektrum betrachtet. Ob die Aromen dabei von Anfang an präsent sind (Primäraromen) oder erst durch die Weinherstellung erweckt werden (Sekundäraromen), spielt keine größere Rolle.

An zwei Beispielen möchten wir die Herangehensweise erklären. Bei der ersten Variante passen wir den Wein in klassischer Weise der Speise an: Stellen wir uns den Duft einer Kräuterkruste vor. Die würzigen Kräuteraromen gehören sicherlich zu den dominierenden Aspekten des Gerichts. Um einen aromatischen Gleichklang zu treffen, wären Weine der mediterran-würzigen Rebsorten Grenache oder Syrah eine mögliche Wahl. Ihre typisch pfeffrigen, würzigen Duftnoten liegen nah an der besagten Kräuterkruste. Ob wir aber einen über den hohen Alkoholgrad marmeladig-süßlich wirkenden Vertreter der Neuen Welt wählen oder lieber einen trockener wirkenden Kandidaten von der Rhône mit seinen adstringierenden Gerbstoffen servieren, hängt von der Sauce und der Garmethode des Fleischs ab. Erinnern Sie sich bitte an das beschriebene Fundament! Aromenharmonie funktioniert aber auch auf dem umgekehrten Weg, indem wir das Essen dem Wein anpassen. Nehmen wir das Beispiel eines Viogniers mit exotischen Noten von Aprikose, Pfirsich und Mango. Es stellt sich wohl kaum noch die Frage, auf welcher Fruchtbasis das Chutney zur dazu gereichten Terrine gekocht werden würde.

Besonders spannend ist es zu beobachten, wie der jeweilige Reifegrad eines Weins ihn oft zum besseren und nicht selten auch zum schlechteren Speisebegleiter macht. Die aromatische Fülle eines 30 bis 40 Jahre alten Bordeaux-Weins mag uns unendlich in seinen Bann ziehen. Betrachten wir jedoch seine filigrane Textur, wird uns schnell klar, dass seine Kraft zur Speisenbegleitung eingeschränkt ist. Viele stark aromatische Speisen mit konzentrierten Aromen degradieren den in Würde gereiften Wein zum Nebendarsteller. Hier ist viel Fingerspitzengefühl gefragt! Manchmal sollte man als Weinhändler oder Sommelier auch mal raten, einen solchen Wein separat, ohne dominanten Speiseneinfluss zu genießen. Zum geschmorten Stück Fleisch ist ein jüngerer, gerbstoffbetonterer Bordeaux-Wein oft der bessere Partner.

Dennoch kann das Alter eines Weins auch positive Auswirkungen auf die Korrespondenz mit einer Speise haben. Nehmen wir einen anderen europäischen Rotweinklassiker, den Barolo, der aus der Nebbiolo-Traube gekeltert wird. In normalen Jahrgängen bekommt ein gereifter Nebbiolo ein an Zigarrenkiste und Leder erinnerndes Bukett. Den animalischen Duft- und Geschmackskomponenten eines Trüffels passt sich diese Reife-Aromatik perfekt an.

DIE INNENEINRICHTUNG

Geht es um die vollendete Kombination von Wein und Speise, ist die Arbeit des Weinhändlers oder auch des Sommeliers mit der eines Innenarchitekten zu vergleichen. Steht der Rohbau auf einem sicheren Fundament, folgt der weitere Ausbau. Hier stellt sich die Frage nach der Zweckmäßigkeit des Gebäudes. Was stellt sich der Kunde vor? Eine prunkvoll ausgestattete Villa, ein einfaches Fertighaus oder ein Industriegebäude? Im übertragenen Sinn hat ein Sommelier auf die Bedürfnisse eines Gastes in jedem Fall Rücksicht zu nehmen – was viel Einfühlungsvermögen verlangt. So sollte er sich im beratenden Gespräch dem Wunsch des Gastes annähern und stets verschiedene Möglichkeiten anbieten.

Zum Vergleich stellen wir uns folgendes Szenario vor: Für die Inneneinrichtung einer Mehrzweckhalle wird sich der Architekt kaum mit den individuellen Geschmäckern der späteren Besucher auseinandersetzen. Die Einrichtung sollte ein harmonisches Gesamtbild ergeben und ihren Zweck erfüllen. Bei der Weinauswahl zu einem Bankett mit 500 Gästen steht der Sommelier vor der gleichen Situation. Seine Empfehlungen sollen das Menü geschmacklich abrunden. Auf die vinophilen Vorlieben der einzelnen Gäste kann er unmöglich Rücksicht nehmen. Steht er jedoch im Restaurant am Tisch des Gastes, wird eine maßgeschneiderte Empfehlung von ihm erwartet.

Die grundlegenden Bedingungen sind nun festgelegt. Der Bau steht, und das Budget des Kunden (Gastes) ist bekannt. Jetzt werden in Gesprächen die individuellen Geschmacksrichtungen und Vorlieben erörtert. Damit liegt es in der Hand des Experten, die perfekte Inszenierung zu vollenden. Der Innenarchitekt kombiniert Farben, Materialen und deren Verarbeitung. Im übertragenen Sinn arbeitet der Sommelier mit den in der Küche veredelten Lebensmitteln und verbindet diese mit den Texturen des Weins. Die einzelnen Komponenten sollten sich dabei in größtmöglicher Harmonie präsentieren. Im Idealfall beeinflussen sich Wein und Speise in positiver Weise und steigern das Genusserlebnis.

Ein Sommelier muss zuhören und sich in die Vorlieben des Gastes einfühlen können. Ist die süße Riesling Spätlese zur scharfen asiatischen Speise noch so perfekt abgestimmt: Wenn der Gast keine restsüßen Weine mag, ist diese Kombination aus seiner Sicht eine Fehlleistung des Sommeliers. Hier müssen es dann alternativ fruchtige, aber trockene Weine richten.

EINFLUSSFAKTOREN

Je festlicher und erfreulicher der Anlass, desto exklusiver darf in der Regel das begleitende Getränk ausfallen. Zum Geschäftsabschluss oder zur Einweihung der neuen Büroräume wirkt Champagner sicherlich angemessen. In der Essenspause eines Meetings mit dem Thema Budgetkürzung oder Stellenabbau sind hochpreisige Weine hingegen fehl am Platz! Wie häufig bei der Arbeit des Sommeliers ist auch hier Fingerspitzengefühl gefragt.

Wir denken, es gehört zum Instinkt eines guten Gastgebers, dass er die Weinauswahl den klimatischen Bedingungen anpasst. Bei einem hochsommerlichen Lunch hat ein wuchtiger, alkoholreicher Pinotage aus Südafrika nur eine eingeschränkte Fangemeinde. Je wärmer die Außentemperatur ist, desto weniger Alkohol sollte das Getränk haben. Erfrischende Faktoren wie Säure und Bitterstoffe bekommen dem Körper deutlich besser und machen das Essen bekömmlicher. Was für die heiße Jahreszeit gilt, lässt sich auch auf die Mittagszeit übertragen: Weniger ist mehr! Die Wirkung des Alkohols hat Einfluss auf unsere Kondition und Konzentration. Daher schätzen die meisten Gäste eine Getränkeauswahl mit moderatem Alkohol zum Lunch.

Zu den Feinheiten bei der Getränkeauswahl gehören auch interkulturelle Fragen. Sind unter den Gästen vielleicht Menschen muslimischen Glaubens? Dann sollte man davon ausgehen, dass kaum oder gar kein Alkohol getrunken wird. In diesem Fall sollte der gute Gastgeber etwas mehr als Wasser und das Standard-Saftangebot vorbereiten.

WAS
SER
UND
BIER

Wie bei so vielen Dingen im Leben kann zu viel Harmonie mitunter langweilig sein. Ein butterweiches Stück Fleisch mit zarten Röstaromen auf einer Sauce mit cremiger Textur sollte auf dem Papier zu einem butterweichen Chardonnay mit leichtem Barrique-Aroma passen. Sicherlich besteht man mit einer derartigen Kombination problemlos eine Sommelier-Prüfung. Wer es spannungsreicher mag und mutiger kombinieren möchte, kann sich bei Kombinationen von Speisen und Getränken auch an aktuellen Trends orientieren. Zu ihnen zählen Brände und Schokolade, Tee und Speisen, Fruchtsäfte und Speisen, Bier und Speisen.

PROST MAHLZEIT!

Gerade Bier lässt sich mit ähnlichen Aromen beschreiben wie Wein. Im Geruch erkennen wir zuweilen malzige Aromen wie Karamell, Nüsse oder Pistazien. Häufig treten auch fruchtige Komponenten zutage wie Banane, Aprikose, Kirsche und gereifter Apfel – oder aber würzige Aromen wie Kamille, Koriander, Zimt und Pfeffer. Viele Konsumenten sehen Bier lediglich als isotonischen Durstlöscher. Damit wird man dem Getränk aber nicht gerecht. Schließlich lässt es sich wunderbar mit Essen kombinieren. Stellen Sie sich die folgenden Kombinationen doch mal auf der Zunge vor:

Zum Aperitif: ein Pils oder Märzen mit intensiveren Bitterstoffen
Zu leichten Fischgerichten oder Krustentieren: leichte, obergärige Biere wie Kölsch
Zu gebratenen Fischgerichten: ein Export oder Lager
Zu kräftigen Fleischgerichten: ein Scottish light, norddeutsches Altbier, Münchner Dunkel, helles Bock, Doppelbock, Russisches Imperial, Stout, helles Weizenbier oder Rauchbier mit hohem Hopfenanteil, aber auch mit einem Hauch von Süße
Zu Geflügel: ein süßliches, halbstarkes Lager oder eine Berliner Weiße, wenn die Gerichte nicht zu kräftig sind
Zu Desserts: ein starkes Malzbier, Fruchtbier oder Rauchbier – Hauptsache mit einer Süßkomponente

Probieren Sie's doch mal selbst aus: Sie werden wirklich staunen, welch tolle Harmonien die genannten Vertreter mit dem Essen eingehen.

KLEINER EXKURS GEFÄLLIG?

Wenn wir in einem Weinbuch schon den Bogen zum Thema Bier spannen, wollen wir Ihnen ein paar weitere Infos natürlich nicht vorenthalten: Bier ist ein Getränk, das die Menschheit schon länger begleitet als Wein. Rund 7000 Jahre ist die Bierherstellung alt. Ähnlich wie Wein entsteht Bier durch Vergärung. Zum Bierbrauen benötigt man allerdings Getreide – in der Regel Gerste, Roggen, Weizen, Mais oder Reis. Nach der Reinigung des Getreides beginnt die Malzherstellung. Die Körner werden gewässert und bei etwa 18 °C auf flachen Rosten ausgebreitet. Während des einsetzenden Keimvorgangs wandelt sich die in den Körnern enthaltene Stärke in Zucker um. Danach wird den Körnern die Feuchtigkeit mittels Heißluft entzogen. In Bottichen wird anschließend das geschrotete Malz mit dem Brauwasser vermischt. Wie bei der Weinherstellung auch bezeichnet man den braunen, mit Wasser versetzten Brei als Maische. Sie wird erhitzt, und alle ungelösten Teile werden später durch ein Siebverfahren von der Maische getrennt hat. Der entstandene Brauextrakt ist die Grundwürze für das Bier.

Der Extrakt wird mit Wasser verdünnt aufgekocht. Anschließend fügt man den Hopfen hinzu. Die Menge des Hopfens ist für die Biersorte ausschlaggebend: Für Pils benötigt man doppelt so viel Hopfen wie für Exportbier. Nach dem Filtern wird die Hefe zugeführt, und die Gärung kann beginnen. Obergäriges Bier gärt bei Temperaturen bis zu 22 °C, untergäriges bei höchstens 10 °C. Untergärige Biere sind meist bitterer, obergärige Biere haben eher eine fruchtige Komponente. Der Gärvorgang kann bis zu zehn Tage dauern. Nach der Gärung haben die Biere 4 bis 5,5 Volumenprozent Alkohol, Starkbiere bringen es auf etwa 6,25. Nachdem das Bier nochmals gefiltert wurde, lagert es zum Nachreifen oder Nachgären einige Wochen in Tanks, bevor es abgefüllt wird.

WASSER

Wenn wir schon auf Exkursionskurs sind, können wir auch noch ein bisschen was zum Thema Wasser erzählen. Im Wein suchen wir nach Hinweisen auf eine 1000-jährige Geschichte: die des Erdbodens und der enthaltenen Mineralstoffe, die von den Wurzeln zur Weinrebe weitergetragen werden. Nach dem gleichen Prinzip wird auch dem Wasser, das sich in unterirdischen Reservoirs sammelt, eine Identität verliehen. Aus diesem Grund ähneln die Kriterien zur Klassifizierung und Beurteilung eines Mineralwassers jenen, mit denen Sommeliers die Eigenschaften eines Weins beschreiben und bewerten: Frische, Spritzigkeit, Transparenz, Säuregehalt, Geruchsfreiheit, Schmackhaftigkeit, Strukturierung, Leichtigkeit, Weichheit, Ausgeglichenheit und Persistenz. Dieser einzigartige Geschmack eines Wassers entfaltet sich am besten bei optimaler Trinktemperatur. So sollte ein Mineralwasser beim Servieren 8 bis 10 °C kühl sein, während ein stilles Wasser idealerweise 10 bis 12 °C warm ist. Weitere Infos zum Thema Wasser siehe San Pellegrino auf Seite 174.

TIPPS

EINKAUFEN

Das ständig wachsende Weinangebot wirft die Frage auf, welche Einkaufsquelle die beste ist. Wein ist nicht nur in aller Munde, man kann ihn auch überall kaufen. Überlegen Sie mal selbst: Neben den klassischen Einkaufsquellen – wie Weingut, Fachhandel, Supermarkt oder Lebensmittelabteilung großer Warenhäuser – finden Sie Weine selbst an Tankstellen oder in Drogeriemärkten. Was man davon halten mag, sei natürlich jedem selbst überlassen.

Weineinkauf ist – mal abgesehen vom eigenen Geschmack und speziellen Anlass – keine leichte Sache. Es handelt sich um ein lebendiges, empfindliches Lebensmittel, das auch in der Flasche gepflegt werden will. In Weinhäusern, Delikatessenläden und Weinfachgeschäften erhalten Sie eine Fachberatung. Oftmals arbeiten hier ehemalige Sommeliers, die sich hervorragend mit den Produkten auskennen. Hier liegen die Weine meist richtig temperiert und nach Qualitäten sortiert. Wenn Sie Ihren Wein beim Fachmann kaufen, bleiben Ihnen unliebsame Überraschungen und Geschmacksverirrungen am ehesten erspart. Vergleichen Sie aber ruhig die Preise. Nicht immer ist in einer teuren Flasche auch ein hochwertiger Inhalt. Lassen Sie sich nicht von der Ausstattung blenden, gute Weine können auch in unscheinbaren Flaschen mit ebensolchem Etiketten stecken.

Beim Erzeuger macht der Einkauf am meisten Freude, dies gilt sowohl für selbstvermarktende Weingüter als auch für Winzergenossenschaften. Damit Sie nicht vor verschlossenen Türen stehen, sollten Sie sich jedoch vorher nach den Öffnungszeiten und Einkaufsmöglichkeiten erkundigen. Am besten vereinbaren Sie einen festen Termin, damit man genug Zeit hat und sich Ihren Wünschen gebührend widmen kann.

Wer sich zum Einkaufen ausschließlich in Supermärkten bewegt, kann bei den meisten Einkaufsgiganten auch getrost ins Weinregal greifen. Nur fehlt es hier zumeist an fachkundiger Beratung. Wenn Sie ohne Hilfe unterwegs sind, orientieren Sie sich am besten am Jahrgang, der Rebsorte und dem Erzeugerland. Probieren Sie einfach Weine aus verschiedenen Regionen aus, bis Sie Ihren Geschmack getroffen haben. Aber lassen Sie unbedingt die Finger weg von verstaubten Supermarkt-Flaschen, die wahrscheinlich schon eine halbe Ewigkeit im Regal stehen. Manche Kaufhäuser und Lebensmittelketten haben beim Wein mächtig zugelegt und kleine, vinothekähnliche Bereiche mit einem außergewöhnlich guten Sortiment eingerichtet. Wenn Sie hier fachkundige Beratung wünschen, werden Sie in den meisten Fällen auch fündig.

Weinversender im Internet gibt es mittlerweile wie Sand am Meer. Hier hat sich in den letzten Jahren die Spreu vom Weizen deutlich getrennt. Die georderten Weine sind in der Regel innerhalb weniger Tage bei Ihnen. Fragen Sie nach Probepaketen, die oftmals zu einem Sonderpreis offeriert werden. Das Einkaufserlebnis beschränkt sich bei dieser Art des Einkaufs allerdings auf die freudig erwartete Lieferung.

VERTRAUENSSACHE

Weineinkauf ist stets Vertrauenssache, und folgende Punkte sollten Sie immer im Hinterkopf haben, wenn Sie sich auf die Suche nach einem geeigneten Tropfen machen:

Egal, ob Supermarkt oder Fachgeschäft, mittelmäßige oder Spitzengewächse: Weine sind empfindlich und verlangen nach einer sorgsamen Pflege. Achten Sie beim Weineinkauf darauf, ob die Regale, in denen die Flachen gelagert werden, durch Lampen und Strahler überheizt sind. Ein Weinkorken kann dort unter Umständen austrocknen und undicht werden. Der Inhalt verdunstet schneller, eintretender Sauerstoff kann den Wein zur vorzeitigen Überreife bringen und ihn ungenießbar machen. Achten Sie bitte generell darauf: Weine, die ihr Füllniveau unterhalb des Flaschenhalses haben, können problematisch sein und sind mit Vorsicht zu genießen.

Vorsicht ist auch bei staubigen Flaschen angezeigt. Nicht immer verbirgt sich darin eine schmackhafte Rarität. Achten Sie in solchen Fällen unbedingt auf den Jahrgang der Flasche. Von nicht lagerfähigen Weinen, die bereits jahrelang in Regalen rumstehen, sollten Sie die Finger lassen. Dies gilt natürlich auch für Weine, die entstaubt wurden, aber trotz allem schon seit Jahren im Laden vor sich hin dümpeln. Wirkliche Raritäten kaufen Sie am besten beim Experten ein. Manche Händler haben sich ausschließlich auf Raritäten spezialisiert, kennen die Geschichte und Herkunft des Weins genau und stellen vielfach auch Expertisen aus. Echte Schätze sind nicht billig und haben ihren Preis, der sich nach der noch bestehenden Verfügbarkeit und dem Alter richtet.

ETIKETTEN FLASCHENKUNDE

ETIKETTEN

Grundsätzlich haben Weinetiketten die Aufgabe, uns Verbraucher darüber zu informieren, was sich hinter dem Produkt verbirgt, das wir in Händen halten. Für die Produzenten dienen Etikett und Flasche natürlich auch als „Verpackung“ und somit als verkaufsförderndes Marketinginstrument im hart umkämpften Weinmarkt. Manche Erzeuger haben sich mit ihrem Etikett eine Art „Markenzeichen“ gesichert und es aufgrund des Wiedererkennungswerts in Jahrzehnten höchstens minimal verändert. Hier zählt die Signalwirkung – unabhängig davon, welche Informationen auf dem Etikett stehen.

Dabei hat jedes Land exakte Vorschriften, was auf einem Weinetikett stehen darf. Der Vielfalt sind hierbei kaum Grenzen gesetzt, und blutige Anfänger sehen bei der Sprache der Etiketten zuweilen den Wald vor lauter Bäumen nicht: Firmenname, Markenname, Traubensorte, Fantasiename oder Herkunftsort – ja, was verbirgt sich den nun hinter diesen ganzen Angaben?

Was auf einem deutschen Weinetikett stehen muss und was darauf stehen darf, wurde im Weingesetz bis ins Detail festgelegt. Manche Angaben sind Pflicht, andere freiwillig. Vorgeschrieben sind bei einem Qualitäts- oder Prädikatswein die Bezeichnung des Anbaugebiets, der Qualitätsstufe, der Erzeuger- oder Abfüllername, der Begriff Gutsabfüllung oder Erzeugerabfüllung. Obligatorisch sind auch die Angaben der Füllmenge, des Alkoholgehalts und der amtlichen Prüfnummer, aus deren beiden letzten Ziffern das Jahr der Flaschenfüllung abgelesen werden kann. Der Jahrgang darf nur dann genannt sein, wenn mindestens 85 Prozent des Weins aus dem Lesegut dieses Jahrgangs stammen. Das Gleiche gilt für die Nennung der Rebsorte.

Mittlerweile sind die Erzeuger bemüht, ihr Etikett nicht mit allzu vielen zusätzlichen Angaben zu überfrachten. Zu diesen freiwilligen Angaben zählen zum Beispiel Lagennamen. Zuweilen finden sich solche Bezeichnungen auch auf dem Rückenetikett wieder.

Ähnlich streng ist auch bei unseren europäischen Nachbarn geregelt, was auf einem Weinetikett stehen darf, und auch die Winzer in Übersee haben bei den Etiketten immer weniger Gestaltungsfreiheit.

FLASCHENKUNDE

Das Auge trinkt mit, keine Frage. Die Glasflasche ist für Wein das am weitesten gebräuchliche Gebinde. Zwar existieren mittlerweile auch Weine in Plastikflaschen, Tetrapaks oder sogenannten „Bag-in-Box" – Weinschläuche mit Umverpackung und Zapfhahn –, doch wird sich die Glasflasche nicht verdrängen lassen. Wein hat etwas mit Tradition und Kultur zu tun, was sich auch in der Präsentation niederschlägt.

Natürlich sind auch Flaschenformen oder -farben dem Zeitgeist unterworfen. Da ein Großteil der produzierten Weine über den Handel vermarktet wird, müssen die Flaschen im Regal eine ansprechende Wirkung auf den Verbraucher haben. Manche Erzeuger setzen hierbei auf Formen, manche auf Farben, manche auf Größe.

Als Standardgröße gilt die Flasche mit 0,75 Liter Inhalt. Für den kleinen Haushalt wurden 0,375-Liter-Flaschen entwickelt, in denen ein Wein jedoch sehr rasch reift, und für einfachere Weine kommen die 1,0-Liter-Flaschen zum Einsatz. Hochwertige Weine, die lange lagern sollen, oder Champagner fließen wiederum gerne in 1,5-Liter-Flaschen, den sogenannten Magnumflaschen. Hier können sie wunderbar langsam reifen. Neben den klassischen Farben Grün und Braun finden sich heute auch diverse andere Töne im Regal wieder, die von Farblos bis hin zu Blau reichen.

Manche Flaschenformen sind typisch für eine bestimmte Region. Denken Sie beispielsweise an den berühmten Bocksbeutel aus Franken, die Schlegelflasche an der Mosel oder im Rheingau, die Burgunderflasche oder die mit Bast umspannte Chianti-Flasche. Das war bereits zu Beginn des 19. Jahrhunderts so, und auch heute kommen die Flaschenerzeuger immer wieder mit neuen, innovativen Modellen auf den Markt.

SAMMELLEIDENSCHAFT

Weine zu sammeln gehört zu den exklusiven und teuersten Hobbys, denen man nachgehen kann. Für viele Weinsammler geht es bei der Sammelleidenschaft vor allem um die perfekte Reife der edlen Tropfen, und sie greifen aus diesem Grund vor allem bei Großflaschen zu. In diesen altert ein Wein wesentlich langsamer als in einem kleinen Behältnis. Ein wahrer Run auf Riesenflaschen setzte Anfang der 1980er-Jahre ein und hat sich mit dem zehn Jahre später beginnenden Bordeaux-Boom weiter verstärkt. Seither füllen auch deutsche Erzeuger manche ihrer Spitzenprodukte in Großflaschen ab – je nach Weintyp in Bordeaux- oder Burgunderformate oder auch in eine überdimensionierte Schlegelflasche mit einem Fassungsvermögen von bis zu sechs oder mehr Litern. Diese Sonderformate tragen biblische Namen wie Jeroboam, Methusalem oder Balthasar, bezeichnen jedoch vor allem in den Anbaugebieten Frankreichs jeweils unterschiedliche Flaschengrößen.

VERSCHLUSS SACHE

D

Doch nicht nur Flaschenformen und -farben durchlaufen Moden. Dies gilt auch für Verschlüsse. Das Pro und Kontra beim Thema Naturkork hat sich nicht nur zu einer Glaubensfrage, sondern auch zu einer wirtschaftlichen Frage entwickelt.

Naturkork hat Tradition, bereits seit Jahrhunderten dient er als Verschluss für Weingefäße. Heute gehört das „Plopp"-Geräusch beim Öffnen der Flasche für viele Weinliebhaber zu einem stilvollen Ritual, und nur Naturkork scheint sich zum jahrzehntelangen Reifen eines Weins zu eignen. Zumindest existieren derzeit nur für die Verwendung von Naturkork exemplarische Langzeitstudien. Wäre da nicht das Problem mit dem Korkgeschmack, der jedes Jahr für enorme wirtschaftliche Schäden sorgt. Gerade in den letzten 20 Jahren sind vermehrt Probleme mit schlechten Korken aufgetreten, was selbst nach Angaben der Korkhersteller auf die unkontrollierte Überproduktion an Korken zurückzuführen ist.

Dies hat Konsumenten und Erzeuger verärgert und beide, ebenso wie die Korkproduzenten, zum Handeln gezwungen. Die Erzeuger haben nach Alternativen Ausschau gehalten, die Konsumenten aus Frust sämtliche Alternativen ausprobiert und die Korkindustrie Verfahren eingeführt, die die Ursachen der Fehltöne in den Griff bekommen wollen. Eine echt verkorkste Geschichte – für die letztlich noch kein wirkliches Happy End gefunden wurde.

KORKVARIANTEN

Eine naheliegende und preisgünstige Alternative sind Korken aus Kunststoff. Sie werden zuweilen in schrillen Farben produziert und imitieren das „Plopp"-Geräusch. Sie haben jedoch viele Kritiker, da sie im Verdacht stehen, weit mehr Sauerstoff an den Wein zu lassen als ein Naturkork. Studien zum Thema Sauerstoffdurchlässigkeit konnten dieses Vorurteil jedoch bereits entkräften. Mit dem Thema Schraubverschluss beschäftigt sich die Weinindustrie schon seit über

20 Jahren. Erzeuger oder wissenschaftliche Einrichtungen haben immer wieder Versuchsreihen mit Schraubverschlüssen gestartet, doch gelangten in Deutschland jahrelang nur Liter-Qualitäten in derart verschlossene Gebinde. Hier gab es ein eindeutiges Imageproblem, dem sich deutsche Spitzenwinzer erst vor rund zehn Jahren stellten. Zu diesem Zeitpunkt füllten sie erstmals auch Weißweine im gehobenen und mittleren Preissegment in Flaschen mit Schraubverschluss. Die Industrie hat diese Entwicklung aufgegriffen und unzählige Varianten auf den Markt gebracht. Und auch die Akzeptanz beim Verbraucher steigt stetig. Eindeutige und auch von Skeptikern nicht zu leugnende Vorteile der Schraubverschlüsse sind die Wiederverschließbarkeit der Flaschen, der sehr dichte Verschluss und die Möglichkeit, Flaschen aufrecht zu lagern.

Diesen Vorteil besitzen aber auch die Glasstopfen, die vor rund zehn Jahren entwickelt wurden. Sie erfahren beim Verbraucher vor allem aufgrund ihrer Optik eine große Akzeptanz.

Noch sind Industrie und Erzeuger nicht am Ende mit ihrem Verschluss-Latein und erproben auch weiterhin Kronkorkenvarianten, Kombinationen aus Schraubverschluss und Kork oder Glasalternativen. Wir dürfen gespannt sein, wie die Ergebnisse aussehen, wenn erste ernst zu nehmende Langzeitstudien im Umlauf sind.

KORKENZIEHER

Die Auswahl an Korkenziehern ist riesengroß. Jeder Haushaltswarenhersteller hat mindestens ein Modell im Angebot, und selbst Supermärkte oder Möbelhäuser fahren verschiedene Varianten auf – von den unterschiedlichen Preissegmenten mal ganz abgesehen.

Doch sollten Sie beim Kauf ein paar wichtige Details bedenken: Beim klassischen Korkenzieher bohrt sich die Metallspirale beim Drehen in den Korken hinein, und man zieht ihn durch eine vorsichtige Hebelbewegung heraus. Achten Sie beim Kauf unbedingt darauf, dass der Korkenzieher die Form einer offenen Spirale besitzt, deren innere Windung groß genug ist, um ein Streichholz hindurchzustecken. Ihre scharfe Spitze sollte dem Lauf der Spirale folgen und nicht zentriert sein. Damit lässt sich der Korkenzieher mühelos in den Korken drehen und packt ihn so fest, dass er beim Heraushebeln nicht zerbröselt.

Am beliebtesten sind nach wie vor das sogenannte „Kellnermesser“, das auch bei Sommeliers zum Einsatz kommt, und der Korkenzieher, der nach dem Hineindrehen der Spirale in den Korken durch einfaches Weiterdrehen die Spirale samt Korken wieder herausdreht. Diese Variante ist äußerst benutzerfreundlich, das Kellnermesser bedarf hingegen einiger Übung: Nachdem seine Spirale in den Korken hineingedreht wurde, wird ein umgeklappter Hebel auf den Flaschenrand aufgesetzt, und man kann den Korken anschließend mittels Hebelwirkung herausziehen.

SINNLICHER GENUSS

D

Die Beurteilung eines Weins ist eine äußerst sinnliche Angelegenheit, schließlich werden viele unserer Sinne dabei angesprochen. Und die sind ziemlich kompliziert und komplex. Überlegen Sie mal: Jeder kann relativ schnell sagen, ob ein Wein warm oder kalt ist. Ob ein Wein schmeckt und vor allem wonach er schmeckt, stellt den ungeübten Weintrinker zunächst vor eine Herausforderung. Dabei ist Weinprobieren gar nicht schwer, denn die wichtigsten im Wein vorkommenden Aromen, Düfte und Geschmäcker sind uns vertraut. Mit Beginn unseres Lebens hat unser Gehirn sämtliche jemals wahrgenommenen Gerüche abgespeichert. Wir müssen sie lediglich abrufen. Dazu bedarf es zwar einiger Übung, aber die macht ja bekanntlich den Meister!

Wenn Sie einen Wein beurteilen möchten, müssen Sie sich auf Ihre eigenen Sinne verlassen. Bei der Beurteilung eines Weins ist der erste Eindruck optischer Natur. Das Auge trinkt mit und beeinflusst alle folgenden Wahrnehmungen. Mit dem Auge allein lässt sich jedoch kein Wein bewerten. Man kann durch bloßes Betrachten nicht mal mit Sicherheit sagen, ob es sich bei einer Flüssigkeit im Glas überhaupt um Wein handelt. Auch ein Traubensaft, Kirschsaft oder Apfelsaft besitzt ähnliche Farbreflexe. Unsere Wahrnehmung ist gefühlsabhängig. Wir lassen uns schon optisch in unserer Wahrnehmung beeinflussen: Gefällt uns die Flaschenausstattung oder das Glas nicht, sind uns die Lichtverhältnisse unangenehm, so fließt das negativ in unsere Bewertung mit ein.

Das Zusammenspiel von Auge, Nase und Mund ist demnach wichtig. Bei genauer Betrachtung erweist sich unser empfindlicher und leistungsfähiger Geruchssinn als kleines Wunderwerk. Und nichts prägt sich im Gedächtnis so intensiv ein wie Gerüche und Düfte und der daraus resultierende Geschmack. Vielleicht ist Ihnen schon aufgefallen, wie individuell ausgeprägt unser Geruchssinn ist. Was der eine Riecher kaum wahrnimmt, ist für den anderen schon zu aufdringlich. Hinzu kommt, dass kein anderer unserer Sinne so direkt auf Stimmungen und Gefühlsregungen wirkt wie der Geruch. Angenehme Düfte wecken angenehme Erinnerungen. Wen wundert's, dass der Geruchssinn bei Erwachsenen besonders intensive Kindheitserinnerungen wachruft. Kindheitserlebnisse, Urlaubsgefühle und melancholische Stimmungen werden meist über Gerüche und Düfte ausgelöst. „Hier riecht es wie früher in der Schule", haben Sie sicher auch schon mal gesagt. Und bei den Weinaromen funktioniert das vergleichbar. Wer genau weiß und abgespeichert hat, wie Johannisbeerblätter riechen, wird diesen Duft schnell im entsprechenden Wein wiederfinden.

Wollen wir feine Duftnoten wahrnehmen, müssen sie gezielt an die richtige Stelle in der Nase transportiert werden. Durch Schnüffeln erzeugen wir kleine Luftwirbel, die unterschiedliche Duftstoffe zur Riechschleimhaut im oberen Teil der Nase transportieren. Die Wahrnehmung auf der Riechschleimhaut beeinflusst unseren Geschmack: Am Gaumen werden sich in aller Regel die Eindrücke bestätigen, die wir durch die Beurteilung mit der Nase gewonnen haben.

SCHMECKT'S DENN?

Im Vergleich zur Vielfalt und Intensität der Aromen, die über die Riechschleimhaut wahrgenommen werden, erscheint die Zunge eher als grobes Sinneswerkzeug. Ihre Geschmacksknospen reagieren nur an ganz bestimmten Stellen auf Süße, Säure, Bitterkeit und Salz. Zudem nimmt die Zahl der Geschmacksknospen im Laufe unseres Lebens ab. An der Spitze jeder einzelnen Knospe befindet sich eine kleine Kerbe, in die feine Ausläufer unserer Sinneszellen münden. An dieser Stelle erfolgt der Kontakt zwischen Aromastoff und Sinneszelle. Im Augenblick des Schluckens ist eine Geschmacksempfindung am intensivsten, da die Eindrücke an der Zungenwurzel länger haften als im vorderen Bereich der Zunge. Daraus resultiert auch die Weinbeschreibung eines „langen Abgangs" oder auch „kurzen Abgangs", wenn eine intensive Geschmacksempfindung im hinteren Zungenbereich ausbleibt.

Ihren Geschmackssinn können Sie übrigens mit einem einfachen Test trainieren. Alles, was Sie dafür benötigen, sind: Briefwaage, Butterbrotpapier, Puderzucker, Kochsalz, Zitronensaft, etwas Koffein aus der Apotheke und für jede Substanz 1 Liter geschmacksneutrales, stilles Wasser. Legen Sie ein Stück Butterbrotpapier auf eine Briefwaage, und messen Sie jeweils 0,2 Gramm der entsprechenden Substanz ab. Geben Sie diese anschließend in jeweils 1 Liter Wasser. Nun rühren Sie um und probieren nacheinander. Lassen Sie jede Probe einen Moment auf der Zunge einwirken. Konnten Sie den Geschmack identifizieren? Jetzt geben Sie weitere 0,2 Gramm in jede Flasche und probieren wieder. Dieses Verfahren können Sie so lange wiederholen, bis Sie den Geschmack ganz deutlich als süß, sauer, salzig oder bitter erkennen können. Notieren Sie sich jeweils, wie viel Gramm Sie von der Substanz hinzufügen mussten, bis eine eindeutige Identifizierung möglich war. Je öfter Sie dieses Experiment wiederholen, umso leichter wird Ihnen das Erkennen der Geschmacksnoten fallen.

WEINPROBE ZU HAUSE

Eine eigene Weinprobe zu Hause durchzuführen ist kein Kunstwerk. Wenn Sie im Vorfeld ein paar wesentliche Dinge einplanen, wird jede Degustation zu einem sinnlichen Erlebnis.

Zunächst geht es natürlich an die Weinauswahl. Die vorgestellten Tropfen sollten miteinander korrespondieren, sonst vergleichen Sie die sprichwörtlichen Äpfel und Birnen. Wählen Sie maximal zwölf verschiedene Weine, und achten Sie auf Qualitätsprodukte, damit die Probe auch zum Genuss wird. Der Raum, in dem Sie verkosten, sollte über ausreichend Licht verfügen, denn auch die Farbe der Weine soll beurteilt werden. Bitten Sie Ihre Gäste freundlich, im Raum nicht zu rauchen und im Vorfeld kein Parfüm zu verwenden, damit die Urteilskraft nicht geschmälert wird. Auch Küchengerüche können eine Degustation erschweren. Jeder Teilnehmer benötigt für jeden zu verkostenden Wein ein eigenes Glas. Dieses sollte farblos und ohne Schliff oder Dekor sein, damit sich die Farben gut erkennen lassen. Bei professionellen Verkostungen steht immer ein Spucknapf zur Verfügung, denn die Proben sollten nicht ausgetrunken werden. Wie Sie bei Ihrer Probe damit verfahren, bleibt jedoch Ihnen überlassen. Wer allerdings alle Gläser austrinkt, wird je nach Anzahl der verkosteten Weine recht schnell an seine degustativen Grenzen stoßen.

WEIN BETRACHTEN

Sind alle Vorbereitungen getroffen, können Sie loslegen: Jedes Glas wird nur bis zu einem Drittel gefüllt, damit sich die Aromen bestens entfalten können und Ihnen das Schwenken des Glases leichter fällt. Neigen Sie das Glas am Stiel ein wenig nach vorne, und betrachten Sie Farbe und Klarheit. Beide Faktoren liefern einen ersten wichtigen Hinweis auf die Weinqualität. Zur besseren optischen Beurteilung halten Sie das Glas am besten vor einen weißen Hintergrund. So werden Sie auch bei dunkelroten Weine durchblicken Der Wein sollte klar sein, die Oberfläche hell spiegeln. Ältere Rotweine können eine leichte Trübung aufweisen, die vom Bodensatz in der Flasche stammt, der beim Einschenken aufgewirbelt wurde. Es handelt sich dabei um Rückstände von Gerb- und Farbstoffen, die aber völlig unschädlich sind. Steht die Flasche längere Zeit aufrecht, müssen sich die Stoffe wieder am Boden absetzen und dürfen die Klarheit des Weins nicht länger beeinflussen. Nach dem Einschenken finden Sie manchmal kleine Kristalle im Glas, die jedoch ebenfalls völlig harmlos und kein Grund zur Beanstandung sind. Im Fachjargon spricht man von „Weinstein", auskristallisierter Weinsäure.

Schwenken Sie Ihr Glas nun in langsamen, kreisförmigen Bewegungen. An der Glasinnenwand bildet sich ein Flüssigkeitsfilm, der sich zu zähflüssigen, tränenförmigen Tropfen zusammenzieht, die man als „Tränen" oder „Kirchenfenster" bezeichnet. Diese Schlieren werden durch größere Mengen Glycerin, einem wichtigen Inhaltsstoff im Wein, oder auch durch Zucker und hohe Extraktwerte begünstigt. Ob ihr Auftreten ein Qualitätsmerkmal ist, gilt als umstritten. Allenfalls lässt sich an der Form der Bögen eine vage Aussage bezüglich des Alkohols im Wein treffen: Je stärker der Effekt ausfällt, desto höher ist der Alkoholgehalt.

Weißweine variieren in ihren Farbtönen weniger stark als Rotweine. Sie sind in ihrer Jugend hell und dunkeln mit zunehmender Reife nach. Rotweine verlieren im Laufe ihres Alters an Farbintensität und bekommen am Rand einen orangefarbenen Schimmer oder tendieren ins Bräunliche. Machen Sie sich frei von der Maxime: „Je dunkler ein Rotwein, desto besser die Qualität." Die jeweiligen Rebsorten sind für die Farbtiefe verantwortlich. Um eine Aussage bezüglich der Qualität zu treffen, müssen Sie zuerst Ihre anderen Sinne befragen. Erst wenn Geruch und Geschmack das Ganze zu einem Gesamteindruck vervollständigt haben, lässt sich ein zuverlässiges Urteil fällen.

DIE GERUCHSPROBE

Riechen Sie nach der optischen Begutachtung zunächst am Glas, ohne es zu schwenken. Wonach duftet der Wein? Können Sie bekannte Aromen identifizieren? Beginnen Sie dann mit dem Schwenken. Durch die Bewegung wird ein Maximum an Duftstoffen freigesetzt und in dem entstehenden Luftwirbel an die Riechschleimhaut geführt. Am besten riechen Sie, wenn Sie kurze, kleine Atembewegungen erzeugen – ähnlich wie ein schnüffelnder Hund. Fehltöne kommen dabei besonders intensiv zur Geltung und sind leicht zu erkennen. Nachdem das Glas leer ist, riechen Sie nochmals hinein, um die Duftstoffe aufzunehmen, die am Glas haften geblieben sind. Dabei treten vor allem jene Aromen zutage, die vom Gerbstoff des Weins und der Lagerfässer stammen.

DIE GESCHMACKSPROBE

Nehmen Sie den ersten Schluck in den Mund. Die Flüssigkeit sollte sich dabei leicht über die gesamte Zungenoberfläche verteilen lassen. Rollen Sie den Wein gleichmäßig über die Zunge hin und her. Das hörbare Schlürfen und Kauen des Weins bei gleichzeitigem Einsaugen von Luft ist bei Weinproben durchaus erlaubt, so gelangen die Inhaltsstoffe an ihren richtigen Platz. Auf der Zunge nehmen wir zum Beispiel Süße oder Säure wahr. Sie müssen erschmeckt werden. Jetzt werden Sie auch erstmals merken, ob der Wein leicht, mundfüllend, prickelnd oder alkoholisch ist. Wirkt er frisch und elegant oder flach? Sind alle Komponenten im Gleichgewicht, oder stechen manche unangenehm hervor? Wenn Sie den ersten Schluck herunterschlucken, hinterlässt er einen bestimmten Eindruck, der von „lang anhaltend“ bis hin zu „kaum wahrnehmbar“ reichen kann. Der Abgang, die Nachhaltigkeit eines Weins, ist wichtig für die Gesamtbeurteilung.

Nehmen Sie durchaus auch noch einen zweiten Schluck, und verfahren Sie wie beim ersten. Achten Sie nochmals darauf, dass sich der Wein von der Zungenspitze bis in den hinteren Teil des Gaumens verteilt, damit alle Geschmacksknospen benetzt sind. Merken Sie, welche Aromen nun in die Nase steigen? Was geschieht mit dem Gerbstoff, macht er die Zunge pelzig, haben Sie das Gefühl, Ihr Mund zieht sich zusammen? Nun nochmals hinunterschlucken und wieder einen guten Moment auf die Nachhaltigkeit am Gaumen konzentrieren. Hier entscheidet sich die Qualität – je länger das Finale, desto besser.

FAZIT

Je häufiger Sie solche Proben durchführen, je intensiver Sie sich mit dem Wein im Glas auseinandersetzen, umso spielerischer wird ihr Umgang mit dem Thema werden. Durch immer neue Geschmackseindrücke und Geschmackserfahrungen lernen Sie im Laufe der Zeit wesentliche Unterschiede kennen. Wein ist plötzlich nicht mehr das komplizierte Getränk, vor dem Sie sich ehrfürchtig verneigen, sondern erhöht mit jedem Schluck den Genuss. Wein? Yes!

WICHTIGE WEINAROMEN

Kein Wein gleicht dem anderen, auch nicht hinsichtlich Geruch und Geschmack. Und dennoch besitzen bestimmte Weine immer wiederkehrende Aromen, die sich zuordnen lassen. Doch zuweilen fehlen uns die beschreibenden Worte für das, was wir riechen oder schmecken, selbst wenn uns ein Aroma vertraut scheint. Um uns für Weinaromen zu sensibilisieren, müssen wir uns einfach an der Natur orientieren. Sie hält die passenden Aromen parat, die wir in einem Wein wiederfinden können. Riechen Sie also so oft wie möglich an frischem Obst oder Gemüse, und registrieren Sie die Gerüche ganz bewusst. Beschnuppern Sie Blumen, Kräuter und Gewürze. Speichern Sie diese Eindrücke, und füllen Sie Ihr Erinnerungsvermögen.

Im Folgenden stellen wir Ihnen wichtige Aromen vor, die in vielen Weinen zu finden sind.

Ananas
Das leicht süßliche Ananasaroma finden Sie vor allem in jüngeren Weißweinen, mit dem Alter der Weine wird dieser Geruch jedoch dezenter. Auch in edelsüßen Weinen, Spätlesen bis Trockenbeerenauslesen, treffen Sie Ananas an, ebenso in einigen Chardonnays aus Burgund, Australien und den USA.

Apfel
Der Apfelduft zählt zu den wesentlichen Merkmalen vieler Weißweine und Champagner. Äpfel und Weintrauben haben durch die Apfelsäure einen gemeinsamen Inhaltsstoff. Große Rieslinge und Chardonnays besitzen im Duft häufig ein ausgeprägtes Apfelaroma. Der Geschmack nach überreifen Äpfeln wird hingegen als Fehlton gewertet.

Aprikose
Im Wein finden Sie zuweilen reife und konzentrierte Aprikosenaromen. Ihre Bandbreite reicht von trockenen Weißen bis hin zu edelsüßen Gewächsen und Likörweinen.

Banane
Das Aroma reifer Bananen treffen Sie sowohl in weißen als auch in roten Weinen an. Vor allem die Rebsorten Gamay, Syrah oder Chardonnay besitzen feine Duftnoten, die an Bananen erinnern. Besondere Gärverfahren wie die Kohlensäuremaischung können dieses Aroma fördern.

Birne
Ein zartes Birnenaroma charakterisiert viele fruchtbetonte Weißweine oder auch edle Champagner. Auch Chardonnays aus Burgund oder so manche gereifte Rieslinge können ein besonders ausgeprägtes Birnenaroma besitzen.

Bitterschokolade
In erster Linie sind Kakaotöne in reifen Rotweinen zu finden, zumeist begleitet von dezenten Röstaromen, die vom sogenannten „Toasten“ – dem Abflämmen der kleinen Eichenholzfässer – kommen.

Brioche
Der Geschmack findet sich in vielen Champagnern wieder und entsteht durch das Hefelager nach der zweiten Gärung.

Butter
Im Wein entsteht Butteraroma während der Milchsäuregärung. Sie treffen es häufig bei jungen, kräftigen Chardonnays an, die im Barrique ausgebaut wurden. Auch opulente Chardonnays aus Übersee können solche Aromen aufweisen.

Dörrpflaume
In heißen Lesejahren tritt das klassische Aroma verstärkt auf, vor allem bei Rotweinen aus warmen Anbauregionen. Es entsteht beim Zusammenschrumpfen der Trauben. Zuweilen erinnert der schwere, leicht rauchige Duft auch an Pflaumenmus.

Erdbeere
Junge Rotweine oder fruchtige Weiße können nach frischen Erdbeeren riechen, während sich die Aromen von Erdbeerkonfitüre eher in älteren, komplexen Rotweinen wiederfinden.

Feuerstein
Der typische Geruch eines Pouilly-Fumé, dessen Trauben auf den mit Silex (Feuerstein) durchmischten Kalkböden der Loire wachsen. Er erinnert an die Zündplättchen unserer Kindheit.

Geröstetes Brot
Chardonnay oder Sauvignon blanc, die in neuen Eichenfässern ausgebaut wurden, weisen häufig ein intensives Aroma nach geröstetem Brot auf – galt lange Zeit als Charakteristikum von Übersee-Weißweinen.

Gewürznelke
Der äußerst markante Duft der Gewürznelke, den Sie sich gut einprägen können, kennzeichnet reife und besonders lagerfähige Rotweine, die zudem Aromen von Zimt, Muskat und Pfeffer erkennen lassen. Bei den Weißen finden Sie das Gewürznelkenaroma in reifen Gewürztraminern oder feinen Sauternes.

Grapefruit
Die erfrischenden, leicht bitteren Aromanoten der Pampelmuse tauchen in frischen jungen Rieslingen, Tokay Pinot gris, Chardonnay, aber auch in feinen, edelsüßen Gewächsen auf. Auch Weine der Rebsorte Scheurebe können nach Grapefruit schmecken.

Grüne Paprika
Der Duft einer grünen Paprika ist äußerst intensiv und charakteristisch. Sie treffen ihn in fast allen Weinen aus den Rebsorten Cabernet Franc und Cabernet Sauvignon an, sofern deren Trauben aus kühlen Klimata stammten. Je kühler das Klima, desto grüner der Duft.

Himbeere
Fruchtige Komponenten, die an Himbeeren erinnern, tauchen vor allem bei jungen Rotweinen von der Rhône oder aus dem Burgund auf.

Heu
Den Geruch nach getrocknetem Gras können Sie in jungen Weißweinen oder Champagnern wahrnehmen.

Honig
Edelsüße oder alte, trockene Weißweine können ein süßliches Honigaroma besitzen, das auch an gedörrte Aprikosen und Wachs erinnert.

Honigmelone
Haben Sie schon einmal an einer reifen Honigmelone gerochen? Dieser Duft wird für immer in Ihrem Gedächtnis haften bleiben, so intensiv ist er. Das markante Aroma der Honigmelone ist bei australischen Chardonnay, aber auch in Süßweinen zu finden.

Johannisbeerblätter
Ein traditioneller Sauvignon blanc ohne den Duft nach Johannisbeerblättern ist fast undenkbar. Er zählt zu den Klassikern unter den Weinaromen.

Johannisbeere, schwarz
Schwarze Johannisbeeren tauchen als typisches, warmes und fruchtiges Aroma von Cabernet Sauvignon, Pinot noir und Sauvignon blanc auf.

Kaffee
Das komplexe Kaffeearoma zeichnet sich durch etwa 850 verschiedene Bestandteile aus, im Wein finden sich vor allem die Röstaromen wieder. Sie sind in Weinen anzutreffen, die in neuen, „getoasteten" Holzfässern ausgebaut wurden. Auch alte Jahrgangschampagner besitzen zuweilen eine dezente Kaffeenote.

Karamell
Viele große Rotweine aus dem Bordelais und Burgund weisen ein dezentes Aroma frischer Sahnebonbons auf, was als Zeichen für Finesse und Eleganz gilt.

Kirsche, süß oder sauer
Saure Kirscharomen begegnen Ihnen zum Beispiel in roten Burgunder-Weinen. Ein Shiraz kann hingegen im Geschmack an süße, schwarze Kirschen erinnern.

Lakritz
Rebsorten wie Merlot, Cabernet Sauvignon und Pinot noir, die im Holz ausgebaut werden, können Lakritznoten entwickeln. Das trifft auf die großen Bordeaux-Weine genauso zu wie auf Rote aus dem Rhônetal, dem Burgund und der Neuen Welt.

Leder
Der Duft von Leder kommt vorwiegend bei älteren Weinen vor, vor allem wenn Cabernet Sauvignon verarbeitet wurde.

Petroleum
Ein charakteristischer Duft bei älteren Rieslingen. Petroleum zählt zur Aromenfamilie der balsamischen Aromen und ist für Weineinsteiger gewöhnungsbedürftig, da es an Benzin erinnert.

Pfeffer
Syrah oder Grüne Veltliner kennzeichnet eine leicht pfeffrige Note auf der Zunge und in der Nase. Bei Grünen Veltlinern spricht man vom sogenannten „Pfefferl". Darüber hinaus finden sich Aromen von gemahlenem Pfeffer in vielen großen Rotweinen der Welt. In Verbindung mit

Fruchtaromen ergibt sich ein harmonisches Bild, das die Pfeffernoten dezent unterstreicht und den Weinen einen Hauch von Würze verleiht.

Pfirsich
Der feingliedrige Pfirsichduft ist charakteristisch für frische, eher junge Weißweine. Sie finden ihn vor allem in Rieslingen und in einigen Champagnern, zuweilen begleitet von einem Hauch Veilchenaroma.

Vanille
Das typische Vanillearoma treffen Sie vor allem bei Rot- und Weißweinen an, die in neuen Eichenholzfässern ausgebaut wurden.

Zimt
Das leicht süßliche, weiche Zimtaroma taucht häufig bei Weinen aus dem Holzfass auf. Sie finden es beispielsweise bei Merlot-Weinen aus dem Bordelais oder Shiraz aus Australien oder auch in gereiften Sauternes, Tokay Pinot gris und Gewürztraminern.

Zitrone
Ein subtiles Zitronenaroma ist charakteristisch für frische, spritzige Rieslinge aus Deutschland und dem Elsass und für junge Sauvignon blanc aus Frankreich und der Neuen Welt.

GLO SSAR

A
-
Z

A

ABGANG (SYNONYM FÜR NACHHALL): Bezeichnet den Zeitraum nach dem Herunterschlucken des Weins, in dem die Geschmackseindrücke noch im Mundraum vorhanden sind. Ist er lang, der Abgang also nachhaltig, hat der Wein meist eine hohe Qualität.

ABSTICH: Kellertechnisches Verfahren, bei dem Wein aus dem Gärbehälter in ein anderes Behältnis umgefüllt wird. Ziel ist es, ihn von Trubstoffen zu befreien.

ADSTRINGENZ: Pelziges, den Mund zusammenziehendes Gefühl, das vor allem durch Tannine im Wein hervorgerufen wird.

ALKOHOLREICH: Beschreibt einen Wein mit hohem Alkoholgehalt. Wenn der Alkoholgehalt zu hoch ausfällt, kann der Wein einen brandigen Nachgeschmack auf der Zunge hinterlassen.

ALTERSTON (SYNONYM FÜR FIRN): Typischer Geschmack eines gereiften Weins.

AMPELOGRAPHIE: Rebsortenkunde.

AMTLICHE PRÜFUNGSNUMMER (AP): Jeder deutsche Wein, der in den Handel kommt, besitzt auf dem Etikett eine amtliche Prüfungsnummer. Sie wird nur dann erteilt, wenn der Wein bei der vorgeschriebenen Qualitätsprüfung chemisch analysiert, sensorisch geprüft und anschließend für verkehrsfähig erklärt wurde.

ANREICHERUNG: Anhebung des Mostgewichts durch Zusatz von Zucker zum Zweck einer höheren Alkoholausbeute. Die Anreicherung muss vor der alkoholischen Gärung erfolgen. In Deutschland ist sie mit der Einführung des Weingesetzes von 1971 streng geregelt und bei Prädikatsweinen grundsätzlich verboten.

AOP: Abkürzung von „Appellation d'Origine Protégée". 2009 eingeführte kontrollierte Herkunftsbezeichnung für französische Weine. Frühere Bezeichnung: AOC („Appellation d'Origine Contrôlée").

AROMA: Umfasst die Stoffe, die einem Wein seinen charakteristischen Duft verleihen.

ASSEMBLAGE (SYNONYM FÜR CUVÉE, VERSCHNITT): Zusammenfügen verschiedener Traubensorten oder Grundweine zu einem Wein.

AUFSPRITEN: Das Zusetzen von Alkohol zum gärenden Traubenmost stoppt die Gärung und bringt einen alkoholstarken, süßen Wein hervor. Wird vor allem bei Portwein, Sherry oder Madeira praktiziert.

AUSBAU (SYNONYM FÜR VINIFIKATION): Bezeichnet alle Maßnahmen im Keller von der Vergärung bis zur Abfüllung.

AUSBRUCH: Edelsüßer Wein vom Neusiedlersee in Österreich.

AUSGEWOGEN (SYNONYM FÜR BALANCIERT): Ein Wein im idealen Gleichgewicht zwischen Duft, Frucht, Säure, Extrakt und Alkohol.

AUSLESE: Deutsche Güteklasse für einen Wein aus vollreifen Trauben. Alle unreifen Beeren wurden ausgesondert.

AUTOCHTHONE REBSORTE: Heimische Rebsorte, die nur in einer Region angebaut wird.

B

BALANCIERT (SYNONYM FÜR AUSGEWOGEN): Ein Wein im idealen Gleichgewicht zwischen Duft, Frucht, Säure, Extrakt und Alkohol.

BARRIQUEFASS: Kleines Holzfass mit 225 Litern Inhalt. Kommt vor allem für die Reifung hochwertiger Rotweine zum Einsatz.

BÂTONNAGE: Bezeichnet bei einem Weißwein, der im Fass vergoren wird, das Aufrühren der Hefe mit einem Stock.

BEERENAUSLESE: Deutsche Güteklasse für volle, fruchtige Weine aus überreifen, edelfaulen Beeren.

BIOLOGISCHER SÄUREABBAU (SYNONYM FÜR MALOLAKTISCHE GÄRUNG): Um den Säuregehalt eines Weins zu senken, wandeln dem Most zugesetzte Milchsäurebakterien die saure Äpfelsäure in mildere Milchsäure um.

BLANC DE BLANC: Aus weißen Trauben gekelterter Wein und Schaumwein.

BLANC DE NOIRS: Aus roten Trauben gekelterter Schaumwein und Wein mit heller Farbe.

BOCKSBEUTEL: Traditionelle, bauchige Flaschenform, die in Franken und Portugal verwendet wird.

BODENSATZ (SYNONYM FÜR DEPOT): Ablagerung von festen, unlöslichen Teilchen in der Flasche. Lässt sich durch Dekantieren vom Wein trennen.

BÖCKSER: Fehlton, der an den Geruch fauler Eier erinnert. Entsteht durch einen Fehler bei der Gärung.

BOTRYTIS CINEREA: Edelfäule, die bei edelsüßen Weinen erwünscht ist. Der Schimmelpilz befällt die Trauben und sorgt für charakteristische Geruchs- und Geschmackstöne.

BRANDIG: Alkoholisch schmeckender Wein.

BRUT: Bezeichnet einen trockenen Schaumwein mit einem Alkoholgehalt von weniger als 15 g/l Restsüße.

BUKETT: Duft eines Weins.

C

CAVA: Spanisch Bezeichnung für einen Schaumwein, der im klassischen Flaschengärverfahren hergestellt wurde.

CHAMBRIEREN: Erwärmen eines Weins auf Serviertemperatur.

CHAPTALISIEREN: Französische Bezeichnung für das Anreichern des Mosts mit Zucker, um den Alkoholgehalt des Weins zu erhöhen.

CRÉMANT: Wird für einen französischen Qualitätsschaumwein verwendet, der außerhalb der Champagne produziert wurde.

CREMIG: Bezeichnet einen Schaumwein, der eine zarte Kohlensäure besitzt.

CRU: Französischer Begriff für eine ausgezeichnete Weinbergslage.

CUVÉE (SYNONYM FÜR ASSEMBLAGE, VERSCHNITT): Das Zusammenfügen verschiedener Traubensorten oder Grundweine zu einem Wein.

D

DEGORGIEREN: Prozess während der Schaumweinherstellung, bei dem der im Flaschenhals befindliche Hefepfropfen entfernt wird.

DEKANTIEREN: Behutsames Umfüllen eines Weins aus der Flasche in eine Karaffe. Erhöht den Sauerstoffgehalt im Wein und trennt ihn vom eventuell vorhandenen Bodensatz.

DEPOT (SYNONYM FÜR BODENSATZ): Ablagerung von festen, unlöslichen Teilchen in der Flasche. Lässt sich durch Dekantieren vom Wein trennen.

DEUTSCHER LANDWEIN: Wein mit einer geschützten geografischen Angabe. Er ist unkompliziert und regionentypisch. Man findet ihn überwiegend trocken oder halbtrocken ausgebaut.

DEUTSCHER WEIN: Der feststehende Begriff „Deutscher Wein“ ohne weitere Herkunftsbezeichnung ersetzt seit der EU-Weinrechtsänderung im Jahr 2009 für deutsche Weine den Begriff „Tafelwein“.

DICHT: Wein mit kompaktem Körper.

DICK: Reich an Alkohol, Extrakt und Geschmack.

DOSAGE: Gemisch aus Most oder Zucker und Wein, das einem Schaumwein zugesetzt wird.

DÜNN: Dem Wein fehlt es an Alkohol, Extrakt und Geschmack. Wird nicht als Synonym für leicht verwendet!

DURCHGEGOREN: Wein, dessen gesamter Zucker bei der Gärung in Alkohol umgewandelt wurde.

E

ECKIG: Unharmonischer Wein, bei dem einzelne Geschmacksstoffe wie Säure und Gerbstoffe zu sehr hervortreten.

EDELSÜSS: Bezeichnet einen Wein, der aus dem Most edelfauler Trauben vergoren wurde.

EICHENGESCHMACK: Entsteht bei der Lagerung in neuen Barriquefässern. Zu den möglichen Aromen zählen Vanille, Zedern, frisch gesägtes Eichenholz, geräucherte und leicht angebrannte Noten.

EISENHALTIG: Mineralischer Geschmackseindruck.

EISWEIN: Hochkonzentrierter Wein aus Trauben, die in gefrorenem Zustand unter minus 7 Grad Celsius gelesen und gefroren gekeltert werden. Das Mindestmostgewicht entspricht dem einer Beerenauslese.

ELEGANT: Aroma, Geschmack, Gehalt und Extrakt eines Weins sind ideal abgestimmt und ausbalanciert.

ENTRAPPEN: Entfernen der Traubenstiele von den Beeren.

ERDIG: Weine, deren Bodenarten – wie etwa Muschelkalk, Feuerstein oder Lehm – sich im Geschmack wiederfinden.

ERTRAG: Erntemenge, die in Hektoliter pro Hektar (hl/ha) angegeben wird.

ERZEUGERABFÜLLUNG: Wein, der ausschließlich aus den Trauben des Abfüllers stammt.

ESSIGSTICH: Ein Wein, der wie Essig riecht, ist fehlerhaft. Entsteht, wenn der Most mit zu viel Sauerstoff in Berührung kommt. Dann spalten die entstandenen Essigbakterien den Alkohol in Essigsäure.

EXTRAKT: Gesamtheit der im Wein vorhandenen nichtflüchtigen Weinbestandteile, etwa Glycerin, Gerb- und Farbstoffe und Mineralien.

F

FAD: Ausdrucksloser, säurearmer Wein.

FARBE: Für die Beurteilung eines Weins von großer Wichtigkeit. Sie kann für die Bestimmung der Rebsorte, der Herkunft und des Alters bedeutende Hinweise liefern.

FARBSTOFFE: Die Farbpigmente der Trauben sitzen ausschließlich in der Schale. Damit ein Rotwein Farbe erhält, müssen die angepressten Trauben einige Zeit auf der sogenannten Maische liegen. Die Farbstoffe lösen sich dabei aus den Schalen und werden an den Saft abgegeben. Die Dauer der Maischung ist für den Farbgehalt ausschlaggebend. Rosé-Weine benötigen nur einen kurzen Kontakt mit den Schalen, Rotweine einen längeren.

FASSGERUCH: Erinnert an modrige Keller. Stammt meistens von alten, häufig schlecht gepflegten Fässern.

FASSGESCHMACK: Muffiger Holzgeschmack.

FEIN: Ausgewogen, harmonisch.

FETT: Mundausfüllend. Fette Weine können jedoch auch breit und deshalb unharmonisch wirken.

FEURIG: Kräftige, alkoholreiche, aber gleichzeitig harmonische Rotweine.

FINESSE: Feinheit.

FIRN (SYNONYM FÜR ALTERSTON): Typischer Geschmack eines gereiften Weins. Bei Spitzenweinen kann die sogenannte Edelfirne durchaus positiv sein.

FLACH: Wässrig wirkender Wein, dem jeder Abgang fehlt.

FLEISCHIG: Dichter, saftiger Wein, der jedoch nicht kraftvoll sein muss.

FRISCH: Lebendig, spritzig und durchaus säurebetont.

FRIZZANTE: Italienischer Perlwein.

FRUCHTIG: Der typische Fruchtcharakter der Traube dominiert den Geruch und den Geschmack des Weins.

FRÜHREIF: Wein, der sich zu rasch entwickelt hat.

G

GÄRUNG: Wichtiger Prozess bei der Weinherstellung, bei dem der Zucker im Traubenmost in Alkohol umgewandelt wird. Die Gärung wird durch Hefen ausgelöst, die als natürliche Hefen in der Traube vorhanden sind oder als Reinzuchthefen dem Most zugesetzt werden.

GEFÄLLIG: Wein ohne Höhen und Tiefen, der keinen großen Anspruch erhebt.

GEHALTVOLL: Häufig verbirgt sich dahinter das Gegenteil von Eleganz, eher eine überladene Aromenvielfalt und ein kräftiger Alkohol.

GEMISCHTER SATZ: Wein, der aus verschiedenen Rebsorten gleichzeitig vergoren wird.

GERBSÄURE ODER GERBSTOFF (SYNONYM FÜR TANNINE): Sie steckt in den Schalen, Kernen und Stielen der Trauben. Jede Rebsorte hat ihren eigenen Gerbsäuregehalt. Eine hohe Gerbsäure hat eine adstringierende Wirkung auf die Mundschleimhaut. Es entsteht ein pelziges Gefühl auf der Zunge. Bei Rotweinen baut sich aggressive Gerbsäure im Lauf der Lagerung ab und wandelt sich in eine reife, weiche Form um, die den jeweiligen Wein geschmacklich stützt und haltbar macht. Die Lagerung in Holzfässern – vor allem in Barriquefässern – löst zusätzliche Gerbsäuren aus dem Fass heraus, die dann in den Wein übergehen.

GESCHMEIDIG: Qualitativ hochwertiger, runder und weicher Wein mit einem ausgeglichenen Säuregehalt.

GLYZERIN: Entsteht während der Gärung, hat einen süßlichen Geschmack und eine leicht ölige Textur. Verleiht dem Wein Vollmundigkeit und Körper. Der Glyzeringehalt ist bei einem edelsüßen Wein besonders hoch (bis 25 g/l).

GRÜN: Wein, der sowohl im Duft als auch im Geschmack unreif wirkt.

H

HALBTROCKEN: Geschmacksbezeichnung für einen deutschen Wein, der bis zu 18 g/l Restzucker aufweisen kann. Der Zuckergehalt darf den Säuregehalt jedoch nicht um mehr als 10 g übersteigen.

HARMONISCH: Inhaltsstoffe eines Weins stehen in einem ausgewogenen Verhältnis zueinander.

HART: Bezeichnung für einen Wein mit unreifen, jungen Tanninen.

HEKTAR: Flächenmaß, das 10 000 Quadratmeter umfasst.

HERB: Wein mit kräftigen Tanninen.

J

JAHRGANGSCHAMPAGNER: Champagner, der nur aus Weinen eines einzelnen Jahrgangs hergestellt wurde.

K

KABINETT: Deutsche Prädikatsstufe für einen leichten Wein aus reifen Trauben mit geringem Alkoholgehalt.

KANTIG: Die einzelnen Komponenten eines Weins sind noch nicht ausbalanciert, sondern überlagern einander. Zuweilen wird die Säure als kantig bezeichnet, wenn sie zu dominant ist.

KAPSEL: Umhüllt und schützt den Flaschenkorken.

KLASSIFIZIERUNG VON WEINEN: Ausführliche Infos dazu auf Seite 168.

KOHLENSÄUREMAISCHUNG (DEUTSCH FÜR MACÉRATION CARBONIQUE): Vergärung ungemahlener roter Trauben unter Sauerstoffabschluss und ohne den Zusatz von Hefe. Bringt einen besonders fruchtbetonten, aromatischen Wein hervor.

KORK: Flaschenverschluss aus der Rinde der Korkeiche. Weil zunehmende Probleme mit schlechten Korken ein Ärgernis für Winzer und Kunden sind, kommt für einen einfachen Wein, der nicht gelagert werden soll, immer häufiger ein Schraubverschluss oder eine andere Korkenalternative zum Einsatz.

KORKSCHMECKER: Negative Bezeichnung für einen Wein, der einen unangenehm muffigen Geruch und Geschmack besitzt. Eine der Hauptursachen für Korkschmecker ist ein Derivat des Phenols, die Verbindung 2,4,6-Trichloranisol (TCA). Sie entsteht, wenn Mikroorganismen wie Schimmelpilze phenolhaltige Stoffe wie Naturkork oder Holz zersetzen, die mit Chlorchemikalien behandelt wurden. Diese kamen früher in gängigen Holz- und Pflanzenschutzmitteln zum Einsatz, sind heute jedoch verboten.

KÖRPERREICH: Alkohol- und extraktreicher Wein.

KURZ: Wein hinterlässt keinen Nachgeschmack, keinen bleibenden Eindruck auf der Zunge.

L

LANG: Wein mit langem Nachhall bleibt nach dem Hinunterschlucken für einige Zeit im Mund präsent.

LEBENDIG: Frischer Wein mit knackiger Säure.

LEER: Dünn, gehaltlos.

LEICHT: Wein mit relativ wenig Alkohol und Körper.

LESE: Bezeichnet den Zeitraum der Ernte. Den Startschuss für die Lese bestimmt der Reifegrad der Trauben.

LIEBLICH: Bezeichnung für einen deutschen Wein, der einen höheren Restzuckergehalt aufweist als ein halbtrockenes Gewächs. Der Restzuckergehalt darf jedoch maximal 45 g/l erreichen.

M

MACÉRATION CARBONIQUE (FRANZÖSISCH FÜR KOHLENSÄUREMAISCHUNG): Vergärung ungemahlener roter Trauben unter Sauerstoffabschluss und ohne den Zusatz von Hefe. Bringt einen besonders fruchtbetonten, aromatischen Wein hervor.

MAGER: Dünner Wein ohne Körper.

MAGNUMFLASCHE: Flaschengröße mit einem Inhalt von 1,5 Litern.

MAISCHE: Fruchtfleisch, Schalen, Traubenkerne und Traubenmost im Gärbehälter bilden die Maische.

MALOLAKTISCHE GÄRUNG (SYNONYM FÜR BIOLOGISCHER SÄUREABBAU): Um den Säuregehalt eines Weins zu senken, wandeln dem Most zugesetzte Milchsäurebakterien die saure Äpfelsäure in mildere Milchsäure um.

MARC: Französische Bezeichnung für Trester, häufig auch für Tresterschnaps.

MEDIZINTON: Geruch, der an Medizin und Apotheke erinnert. Kein negatives Kriterium.

METALLISCH: Geschmack nach Eisen. Fehlton.

MÉTHODE CHAMPENOISE: Flaschengärverfahren bei der Champagnerherstellung.

MÉTHODE TRADITIONELLE: Flaschengärverfahren bei Schaumweinen, außer Champagner.

MINERALISCH: Wein, dessen Trauben auf einem mineralreichen Boden gewachsen sind, lässt die Mineralik auch im Aroma erkennen.

MOLLIG: Körperreich, vollmundig, weich und oftmals sehr harmonisch.

MOST: Saft gepresster Trauben.

MOSTGEWICHT: Bezeichnet die Menge des Zuckers, der im Saft der Trauben gelöst ist und bestimmt den Reifegrad der Beeren. Das Mostgewicht wird in Deutschland in Grad Oechsle gemessen.

MÜDE: Über den Höhepunkt hinaus, ohne Finesse.

N

NACHHALL (SYNONYM FÜR ABGANG): Der geschmackliche Eindruck, den ein Wein nach dem Hinunterschlucken am Gaumen hinterlässt, ist ein wichtiges Indiz für die Qualität eines Weins. Ist der Geschmack nachhaltig, der Abgang lang, hat der Wein meistens eine hohe Qualität. Einen kurzen Abgang erkennt man am raschen Nachlassen des Geschmacks auf der Zunge.

NERVIG: Saftiger Wein mit spritziger, gut eingebundener Säure.

NEUTRAL: Wein ohne erkennbare Charaktereigenschaften.

O

OECHSLE: Messeinheit, die auf der spezifischen Dichte des Mosts basiert. Benannt nach dem Physiker Ferdinand Oechsle.

ÖLIG: Wird vor allem für einen edelsüßen Wein verwendet und umschreibt das beinahe cremige Gefühl, das er im Mund hinterlässt.

ÖNOLOGIE: Weinwissenschaft.

ORGANOLEPTISCHE PRÜFUNG: Prüfung eines Weins bei einer Weinprobe hinsichtlich Farbe, Geruch und Geschmack.

OXIDATION/OXIDIERT: Chemische Reaktion, bei der Wein mit Sauerstoff in Verbindung kommt und dadurch seine Farbe und seinen Geschmack verändert. Bei einem jungen Rotwein ist das willkommen, da er seine Aromen in Verbindung mit Sauerstoff schneller preisgibt. Bei einem älteren Rotwein kann Oxidation jedoch auch dazu führen, dass er umkippt.

P

PAPPIG: Eher plumpe, häufig sehr süße oder aufdringlich aromatisierte Weine.

PERLWEIN: Leicht schäumender Wein.

PFLANZLICH: Erinnert an grüne, pflanzliche und/oder vegetative Aromen.

PIKANT: Wein mit Säure und Biss, der frisch und saftig schmeckt.

PRIMEUR: Bezeichnung für einen Wein, der bereits kurz nach der Ernte zum Verkauf angeboten werden kann, beispielsweise Beaujolais primeur oder Novello.

Q

QBA: Abkürzung für Qualitätswein bestimmter Anbaugebiete. Größte Güteklasse deutscher Weine direkt unter den Prädikatsweinen, gebunden an eine bestimmte weinbauliche Region.

R

RASSIG: Lebendiger Wein mit kräftiger Säure, die jedoch nicht dominiert.

RAUH: Wein, der einen kratzigen, adstringierenden oder sauren Eindruck am Gaumen hinterlässt.

REBLAUS: Wurzelsaugendes Insekt, das die Weinrebe befällt und durch Schädigung ihrer Wurzeln abtötet.

REDUKTIV: Wein wird unter Sauerstoffausschluss ausgebaut. Gegensatz zu oxidativ. Bringt besonders frische und aromatische Gewächse hervor.

REFRAKTOMETER: Instrument zur Bestimmung des Mostgewichts.

REICHHALTIG: Es entsteht der Eindruck von opulenter Fülle.

REIF: Ein Wein auf seinem geschmacklichen Höhepunkt.

REINTÖNIG: Ein für die Rebsorte typischer und klarer Geruch und Geschmack.

RESTZUCKER: Im fertigen Wein vorhandener Zuckergehalt.

ROBUST: Kennzeichnet einen kräftigen, herzhaften Tropfen.

RUND: Wird für einen vollmundigen, harmonisch ausbalancierten Wein verwendet.

S

SAFTIG: Vollmundig, macht Lust auf mehr.

SAMTIG: Wird für die Rotweinansprache benutzt und zeichnet einen Wein aus, der durch seine Reife, die gut eingebundenen Tannine und seine Fruchtsüße einen weichen Geschmackseindruck hinterlässt.

SAUBER: Makelloser, reintöniger Wein ohne Beanstandung.

SÄURE: Ist für die Qualität und Haltbarkeit eines Weins unentbehrlich, verleiht ihm Spritzigkeit und Langlebigkeit, muss jedoch gut eingebunden sein.

SCHAL: Kennzeichnet einen abgestandenen Wein.

SCHAUMWEIN: Sammelbezeichnung für einen schäumenden Wein, in dem eine gewisse Menge Kohlendioxid als Kohlensäure gelöst ist.

SCHLANK: Wein, bei dem die Extraktstoffe gut ausgebildet sind, ohne andere Komponenten zu dominieren.

SCHLICHT: Bezeichnung für einen belanglosen Wein ohne besondere Charaktereigenschaften.

SCHMELZ: Wein aus reifem Traubengut mit hohem Extrakt- und Alkoholgehalt.

SCHÖNUNG: Klärung des Weins beim Ausbau. Durch Zusatz bestimmter, gesetzlich zugelassener Stoffe werden Trubteile gebunden und setzen sich als Bodensatz ab.

SCHWER: Voluminös und alkoholreich.

SOMMELIER: Auf Getränke spezialisierte Kellner, die Gäste in Getränke- und Speisefragen beraten. Zudem tragen sie die Verantwortung für den Einkauf und die Lagerung der Weine in ihrem Restaurant. Die Sommeliers umschreiben ihre Tätigkeit selbst als „Genuss-Manager."

SORTENREIN: Kennzeichnet Wein, der aus einer einzigen Rebsorte hergestellt wurde.

SORTENTYPISCH: Jede Rebsorte besitzt charakteristische Aromen. Spiegeln sich diese in Nase und Gaumen wider, spricht man von einem sortentypischen Wein.

SPÄTLESE: Deutsche Güteklasse nach Kabinett und vor Auslese. Es handelt sich um elegante Weine mit feiner Frucht, die etwas später geerntet werden.

SPRITIG: Bezeichnung für einen Wein, bei dem der Alkohol dominiert.

SPRITZIG: Lebendiger, meist junger, oftmals leicht perlender Wein. Letzteres lässt sich auf die gelöste Kohlensäure im Wein zurückführen, die nicht zwingend sichtbar ist.

SPUMANTE: Italienischer Schaumwein.

STAHLIG: Weißwein mit ausgeprägter Säure.

STILLWEIN: Wein ohne Kohlensäure.

SÜFFIG: Kennzeichnet einen schmackhaften, einfachen Wein von guter Qualität.

SUR LIE: Französische Bezeichnung für einen Wein, der auf der Hefe gelagert wurde. Verleiht ein frischeres und fruchtigeres Aroma.

T

TANNINE (SYNONYM FÜR GERBSÄURE ODER GERBSTOFF): Stecken in den Schalen, Kernen und Stielen der Trauben. Jede Rebsorte hat ihren eigenen Tanningehalt. Ein hoher Tanningehalt hat eine adstringierende Wirkung auf die Mundschleimhaut. Es entsteht ein pelziges Gefühl auf der Zunge. Bei Rotweinen bauen sich aggressive Tannine im Lauf der Lagerung ab und wandeln sich in eine reife, weiche Form um, die den jeweiligen Wein geschmacklich stützt und haltbar macht. Die Lagerung in Holzfässern – vor allem in Barriquefässern – löst zusätzliche Tannine aus dem Fass heraus, die dann in den Wein übergehen.

TERROIR: Bezeichnet die Gesamtheit der äußeren Einflüsse auf Rebe und Wein. Dazu zählen: Boden, Kleinklima, Lage, Wasserhaushalt, Rebsorte, Kultur, Geschichte einer Landschaft sowie der Mensch.

TIEFE: Ein Wein mit Tiefe entfaltet auf der Zunge ungeahnte Dimensionen, er ist dicht, gehaltvoll und vielschichtig.

TRINKTEMPERATUR: Ideale Temperatur, bei der ein Wein getrunken werden sollte.

TROCKEN: Geschmacksbezeichnung für einen deutschen Wein, der fast ganz oder völlig durchgegoren ist und einen Restzuckergehalt von maximal 9 g/l in einem bestimmten Verhältnis zur Weinsäure besitzt. Bedingung dabei ist, dass der Gesamtsäuregehalt höchstens 2 g/l niedriger ist als der Restzuckergehalt. Die Formel hierfür lautet: Säure plus 2 bis zur Höchstgrenze 9.

TROCKENBEERENAUSLESE (TBA): In Deutschland verwendete Bezeichnung für Wein aus rosinenartig eingeschrumpften, edelfaulen Beeren. Bildet die Spitze der Qualitätspyramide. Eine Tba ist süß und hat eine Lagerungsfähigkeit von Jahrzehnten.

U

UNHARMONISCH: Die einzelnen Inhaltsstoffe eines Weins sind nicht oder noch nicht ausbalanciert.

UNREIF: Bedeutet zum einen, dass ein Wein aus unreifem Lesegut erzeugt wurde. Bezeichnet zum anderen einen Tropfen, der noch nicht ausgereift ist, aber noch Entwicklungspotenzial besitzt.

V

VANILLE: Vanilleduft findet sich bei einem Wein, der im neuen Barriquefass ausgebaut wurde.

VDP: Abkürzung für den Verband deutscher Prädikats- und Qualitätsweingüter. Vereinigung qualitätsorientierter Weingüter in Deutschland mit festen Bestimmungen zum Weinausbau.

VERSCHLOSSEN: Unentwickelter, junger Wein, dessen Duft und Geschmack sich in der Regel nach einer gewissen Zeit der Lagerung öffnet.

VERSCHNITT (SYNONYM FÜR ASSEMBLAGE, CUVÉE): Die Mischung verschiedener Traubensorten oder Grundweine zu einem Wein.

VINIFIKATION (SYNONYM FÜR AUSBAU): Bezeichnet alle Maßnahmen im Keller von der Vergärung bis zur Abfüllung.

VOLL: Gaumenausfüllender, körperreicher und langanhaltender Wein.

VORLAUFMOST: Teil des Mosts, der ohne weiteres Pressen aus der Kelter herausläuft. Hochwertiger als der anschließend gewonnene Pressmost.

W

WÄSSRIG: Hinterlässt am Gaumen einen verwässerten Eindruck.

WEINSTEIN: Harmloses Kristall aus dem Kalisalz der Weinsäure, das sich am Flaschenboden absetzt. Weinstein ist kein Grund, einen Wein zu reklamieren.

WUCHTIG: Gehaltvoller und schwerer, zuweilen etwas robuster Wein.

Z

ZART: Fein und elegant, mit zarten Fruchtnoten und dezentem Geschmack.

ZEDERNHOLZ: Erinnert an den weichen Duft einer Zigarrenkiste.

ERSTE SAHNE

1

2

3

4

5

O

Ob ein Wein schmeckt oder nicht, ist Geschmackssache. Ob ein Wein gut ist oder nicht, lässt sich anhand eines Etiketts nicht eindeutig sagen, oder doch? Im EU-Recht sind weingesetzliche Regelungen festgelegt, die für sämtliche Mitgliedsstaaten verbindlich sind. Sie schreiben Rebanbau, Erzeugung, Ursprung, Qualität und Absatz von Weinen vor. Auf diese Weise soll eine gewisse Qualität im An- und Ausbau von Weinen garantiert und für jeden transparent und nachvollziehbar gemacht werden.

KLASSIFIZIERUNG

Um hochwertige Qualitätsweine voneinander unterscheiden zu können, haben einige Regionen spezielle Klassifizierungen eingeführt, die sich auf dem Etikett widerspiegeln. Die bekanntesten Klassifikationsmodelle, die für viele andere Länder als Vorbild dienten, kommen aus Frankreich, das bekannteste aus Bordeaux. In Deutschland gilt auch der Rheingau als Vorreiter. Über die klassifizierten Spitzenlagen wird bis heute immer wieder diskutiert, dennoch gelten sie als hilfreiches Instrument, Spitzenweine herauszufiltern.

KLASSIFIZIERUNG IM BORDELAIS

Die ersten Weingut-Rankings im Bordelais gab es bereits zu Beginn des 18. Jahrhunderts. Doch erst anlässlich der Pariser Weltausstellung von 1855 wurde erstmals eine Klassifikation für die damals bekannten, teureren Châteaux und Gewächse des Médoc sowie von Sauternes, Barsac und Graves vorgenommen. Dabei blickte man ausschließlich auf Güter, die seit längerer Zeit anerkanntermaßen große Weine produzierten und die höchsten Durchschnittspreise erzielten. Berücksichtigt wurden 4000 Bordeaux-Weine, doch nur 61 Gewächse bzw. Châteaux. Sie kamen alle aus dem Médoc – einzige Ausnahme war das Châteaux Haut-Brion aus der Region Graves. Die Klassifikation wurde seitdem nur ein einziges Mal geändert, und zwar als Château Mouton-Rothschild im Jahr 1973 vom „Deuxième Cru Classé“ zum „Premier Cru Classé“ aufstieg. Derzeit existieren im Médoc-Gebiet fünf Klassifizierungsstufen für die Klassifikation von 1855. Sie reichen vom „Premier Cru Classé“ bis hin zum „Cinquième Cru Classé“. Zwischen den einzelnen Klassifizierungen wird auf der Flasche nicht unterschieden. Man findet in der Regel nur die Bezeichnung „Cru Classé“.

Auch die Süßweine aus Sauternes und Barsac wurden 1855 klassifiziert. Für das Graves-Gebiet wurde 1953 und 1959 eine einstufige Klassifikation eingeführt, die zwischen Rot- und Weißweinen unterscheidet. Die Klassifizierung von Saint-Émilion, die ungefähr alle zehn Jahre angepasst wird, stammt aus dem Jahr 1954 und beinhaltet zwei Abstufungen. Die Spitze der Pyramide bilden die „Premiers Grands Crus Classés" der Region. Diese werden in die Klassen A und B unterteilt. Wein der zweiten Qualitätsstufe wird als „Grand Cru Classé" bezeichnet. Fronsac und Pomerol sowie die übrigen Gebiete des Bordelais kennen keine offiziellen Klassifizierungen.

CRUS BOURGEOIS

Direkt hinter den „Grands Crus Classés" rangieren die „Crus Bourgeois". Über die Einhaltung bestimmter Regeln und Produktionsvorschriften wacht der Verband Crus Bourgeois du Médoc. So dürfen für einen derartigen Wein zum Beispiel nur Trauben aus einer der acht Appellationen des Médoc verwendet werden, und das Weingut muss mindestens sieben Hektar Anbaufläche besitzen. Zudem müssen die Weine im eigenen Keller ausgebaut werden. Heute machen die „Crus Bourgeois" fast die Hälfte der Weinproduktion im Médoc aus. Als weitere Kategorien kennen wir die „Crus Artisans" sowie Genossenschaftsweine.

KLASSIFIZIERUNG IM BURGUND

Die burgundische Qualitätspyramide und das entsprechende Bezeichnungssystem gelten bis heute als wegweisend. Im Jahr 1935 wurden im Burgund alle wichtigen Ursprungsbezeichnungen festgelegt. Berücksichtigt wurden dabei auch die seit Mitte des 19. Jahrhunderts etablierten regionalen Klassifikationen. Die sechsstufige burgundische Qualitätspyramide baut sich von regionalen über kommunale bis zu den Grand-Cru-Bezeichnungen auf. Die AOC „Grand Cru" ist ausschließlich 30 Spitzenlagen vorbehalten. Für „Grands Crus" gelten strenge Ertragsobergrenzen. Ihr Anteil an der Gesamtmenge aller im Burgund produzierten Weine ist äußerst gering

Die zweite Qualitätsstufe sind sogenannte „erste Lagen" oder „Premiers Crus", die auf dem Etikett eine Kombination zwischen Weinort und Lagenamen enthalten. Es folgen die Abstufungen „Climat", „Appellation Communale" oder „Appellation Village", „Appellation Régionale" und als letzte die „Appellation Génerique". Hierunter fallen alle Weine, die nicht in den ersten fünf Stufen deklariert sind, aber aus Trauben des Burgund gekeltert wurden. Auf dem Etikett tragen sie die Bezeichnung „Bourgogne". Die AOC Bourgogne kann durch Bezeichnungen ergänzt werden, die mit zusätzlichen Auflagen verbunden sind. So muss beispielsweise ein „Bourgogne Aligoté" sortenrein aus der Weißweintraube Aligoté gekeltert sein.

WHO WE ARE

Peer Holm

Annemarie Foidl

Christian Frens

Ingo Swoboda

Nicole Retter

Bernd Glauben

Verena Herzog

Melanie Panitzke

Sebastian MacLachlan-Müller

Natascha Brändli

Die Sommelier-Union Deutschland wurde im Jahr 1976 als Interessenverband der deutschen Sommeliers gegründet und hat mittlerweile rund 1000 Mitglieder aus dem gesamten Bundesgebiet. Nicht nur eingefleischte Sommeliers finden bei unserer Vereinigung Professionalität und Spaß zugleich. Auch Winzer, Weinhändler und Journalisten haben sich der Sommelier-Union angeschlossen.

Von Beginn an leistet unser Verband einen zentralen Beitrag für eine kompetente Sommelier-Ausbildung. Regelmäßige Veranstaltungen, Treffen und weitreichende Fortbildungsmaßnahmen bieten unseren Mitgliedern vor allem die Gelegenheit zum aktiven Interessenaustausch untereinander.

Ziel unserer Vereinigung ist es, Öffentlichkeit, Medien und Gastronomen davon zu überzeugen, dass sich ein Sommelier im Restaurant verkaufsfördernd auf die betriebswirtschaftliche Situation des Unternehmens auswirkt und nicht nur einen Kostenfaktor darstellt. Die Gäste sollen sich im Restaurant relaxed zurücklehnen, den Sommelier als ihren persönlichen „Genuss-Manager" betrachten und angenehme „Wein-Erlebnisse" mit nach Hause nehmen.

Unseren Mitgliedern bieten wir bei zahlreichen regionalen und nationalen Veranstaltungen die Möglichkeit zum Gedanken-, Erfahrungs- und Ideenaustausch mit Gleichgesinnten. Viermal im Jahr erhalten Mitglieder kostenlos unser „Sommelier Magazin“, zudem können sie an der jährlichen Jahreshauptversammlung mit einem attraktiven Rahmenprogramm teilnehmen. Darüber hinaus gibt es vergünstigte Eintrittskarten für die „Sommelier Party“ am „ProWein“-Montag mit durchschnittlich 1200 Gästen. Wer möchte, kann zu einem geringen Kostenbeitrag an Regionalveranstaltungen teilnehmen. Zudem erhält man bei vielen regionalen und überregionalen vinophilen Veranstaltungen vergünstigte Teilnahmekarten. Und auch das Thema Weinreisen kommt nicht zu kurz: Zweimal jährlich veranstalten wir unter fachkundiger Führung Reisen in interessante Weinregionen.

Bereits 2002 wurde das „Sommelier College“, in dem die Sommelier-Union alle Aus- und Weiterbildungsmaßnahmen unter einem Dach vereint, ins Leben gerufen. Es bietet vor allen Dingen ambitionierten, jungen Sommeliers aus der Top-Gastronomie und dem Weinhandel eine vielschichtige Weiterbildungsmöglichkeit: An der Prüfung zum „ASI Sommelier“, die durch die „Association de la Sommellerie Internationale“ durchgeführt wird und die international anerkannt ist, können alle Mitglieder teilnehmen.

Für alle Qualifizierungsmaßnahmen hat die Sommelier-Union einen festen Rahmen mit Zulassungsvoraussetzungen, Inhalten und Prüfungsbedingungen festgelegt. So ist die Aus- und Weiterbildung der Sommeliers objektiv überprüfbar und entspricht dem hohen internationalen Niveau.

WO SIE UNS FINDEN

Sommelier-Union Deutschland e. V.

Sitz: Coburg

Registergericht: Amtsgericht Coburg, VR 200186

Vorstand: Bernd Glauben (Präsident), Markus Del Monego (Vizepräsident),

Christian Frens (Vizepräsident), Peer F. Holm (Vizepräsident),

Michael Wangler (Schatzmeister)

c/o Romantik-Hotel Goldene Traube

Am Viktoriabrunnen 2

D-96450 Coburg

Tel.: +49-9561-876-0

Fax: +49-9561-876-222

www.sommelier-union.de

WAS WIR EMPFEHLEN

S. PELLEGRINO & ACQUA PANNA

Ausgewogenes Aroma gepaart mit einem erfrischenden Gefühl: Das edle Mineralwasser S. Pellegrino ist ein perfekter Begleiter für aromareiche Speisen und strukturierte Weine, überzeugt aber auch für sich allein. Die feinperligen Bläschen, der anhaltende Kohlensäuregehalt und die feine Mineralisierung machen es zu einem der angesehensten Mineralwässer in der Welt.

Gerichte mit subtilen Aromen und frische Weine verlangen nach einem leichten Wasser. Acqua Panna ist der ideale Begleiter für diese Speisen. Es ist weich und samtig mit feinem, angenehmem Geschmack. Auf der Zunge ist es federleicht mit deutlich wahrnehmbarer Frische. Acqua Panna harmoniert mit dezentem, fruchtigem Weißwein oder Champagner mit geringem Alkoholgehalt.

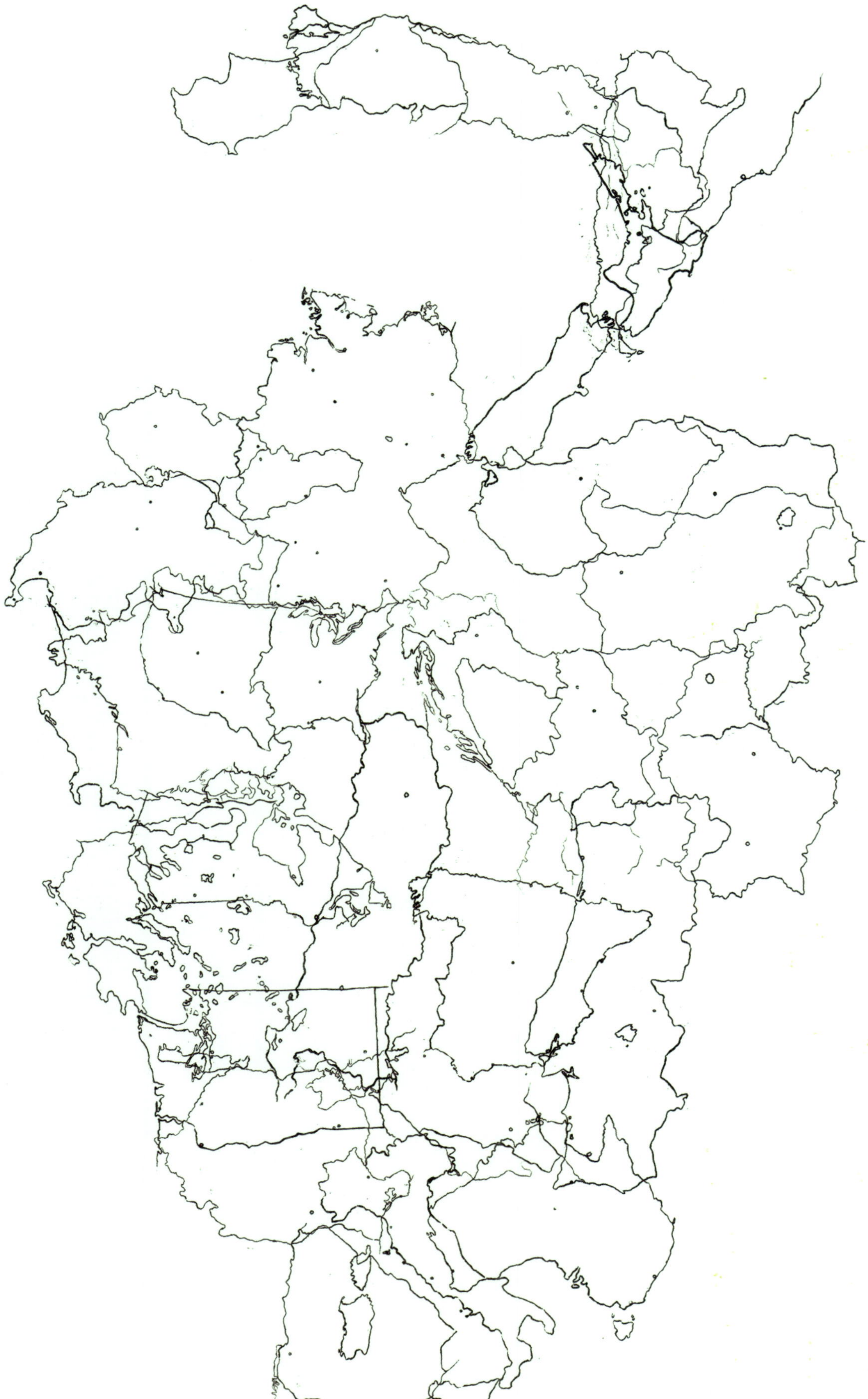

HERAUSGEBER
Sommelier-Union Deutschland e.V.

RECHERCHE / TEXTE
Christine Balais, Annemarie Foidl, Christian Frens, Verena Herzog, Peer F. Holm, Sebastian MacLachlan-Müller, Melanie Panitzke, Nicole Retter, Ingo Swoboda

ZEICHNUNGEN
Natascha Brändli, Burrweiler
www.nataschabrändli.de

REDAKTION
Sabine Rumrich, Nieder-Olm

KORREKTORAT / SCHLUSSREDAKTION
Susanne Kranz, Hamburg
www.susannekranz.de

GESTALTUNG
Anja Winteroll, Hamburg
www.anjawinteroll.de

DRUCK UND VERARBEITUNG
NINO Druck GmbH, Neustadt an der Weinstraße
www.ninodruck.de

Printed in Germany
ISBN: 978-3-86528-770-0

Besuchen Sie uns im Internet:
www.umschau-buchverlag.de